若
水
文
库

她说，说她
Her voice, her story

さよならお母さん
墓守娘が決断する時

[日] 信田小夜子 著
吕灵芝 译

别了，母亲
守墓女儿的决断

NEWSTAR PRESS
新星出版社

"SAYONARA OKASAN : HAKAMORIMUSUME GA KETSUDANSURU TOKI"
by SAYOKO NOBUTA
Copyright © Sayoko Nobuta 2011
Original Japanese edition published by Shunjusha Publishing Company
This Simplified Chinese Language Edition is published by arrangement with
Shunjusha Publishing Company through East West Culture & Media Co., Ltd., Tokyo.
Simplified Chinese edition copyright © New Star Press Co., Ltd
All Rights Reserved.
著作版权合同登记号：01-2024-4934

图书在版编目（CIP）数据

别了，母亲：守墓女儿的决断 /（日）信田小夜子著；吕灵芝译. —— 北京：新星出版社，2025.4.
ISBN 978-7-5133-5974-0

Ⅰ . C913.11

中国国家版本馆 CIP 数据核字第 20258TZ666 号

别了，母亲：守墓女儿的决断

[日] 信田小夜子 著；吕灵芝 译

责任编辑	白华召	责任校对	刘 义
责任印制	李珊珊	装帧设计	董茹嘉

出 版 人　马汝军
出版发行　新星出版社
　　　　　（北京市西城区车公庄大街丙 3 号楼 8001　100044）
网　　址　www.newstarpress.com
法律顾问　北京市岳成律师事务所
印　　刷　北京天恒嘉业印刷有限公司
开　　本　787mm×1092mm　1/32
印　　张　7.25
字　　数　106 千字
版　　次　2025 年 4 月第 1 版　　2025 年 4 月第 1 次印刷
书　　号　ISBN 978-7-5133-5974-0
定　　价　52.00 元

版权专有，侵权必究。如有印装错误，请与出版社联系。
总机：010-88310888　　传真：010-65270449　　销售中心：010-88310811

"跟妈妈住不是应该的吗?"

"将来你可要给妈妈守墓啊。"

守墓女儿:

专有名词,指被母亲过度干涉的女儿。母亲们不仅会过度介入女儿的生活,最后还坚持要女儿在晚年时给予自己照护、为自己守墓,而为了回应家长的期待,守墓女儿们只能强忍着痛苦,拼命扮演一个好女儿的角色。

目 录

序言 非常时期暴露的家庭真相 / 1

 震灾后的百态 / 3

 "3·11"带来了什么 / 充斥媒体的信息 / 攀比不幸 / 非常时期暴露的问题 / 守墓女儿与她们的母亲教给我们的道理 / 写给现在的和未来的母亲 / 告别母亲，告别母亲立场

第一部分 一对母女的故事——取自咨询案例 / 37

 我想挽回女儿——母亲的视角 / 39

 我女儿被偷走了 / 在丈夫面前只会服从 / 拼上性命的育儿 / 女儿的未来就是我的未来 / 她竟然要抛弃我 / 无法忍受与丈夫独处 / 拒接电话 / 肯定是被人控制了 / 玩弄于股掌之中 / 仿佛什么都没发生 / 被逼到悬崖边上 / 手握备用钥匙 / 意料之外的反应 / 都是那两个男人不好 / 我可比她们强多了 / 想告诉她努力的成果

走过漫长的隧道——女儿的视角 /107
我是不是个恶鬼？/ 世界骤然龟裂 / 圣母像反转 / 心的撕裂 / 开始独立生活的礼物 / 偷袭 / 手机上的"定时来电"/ 结识黑木 / 无法告诉任何人的话 / 讨厌的事情就不做了吧 / 长期不顺 / 一个梦

我想守护妻子——守墓女儿丈夫的视角 /140
香里的震惊 / 埋伏 / 没拆封的信 / 眺望初雪

咨询师的视角 /152
痛心疾首的信 / 完美的反驳 / 向"正常"看齐才是正道 / 一个建议

第二部分 梳理杂乱的线条 /163

"好母亲"是如何诞生的 /165
寄生植物一般的母亲 / 几种典型态度

守墓女儿不要放弃 /185
几种辅助手段

如何放下母亲的身份 / 202
如果你想展开新的人生

对父亲的逆耳之言 / 207
女儿写给父亲的信 / 关注家人

后记 / 215
引用书目 / 220

序言 非常时期暴露的家庭真相

震灾后的百态

2011年3月11日,那股前所未有的强烈晃动到来时我正在东京原宿上班,便与预约了三点咨询的客户及同事一同前往大楼前方的山手线沿线小公园避难。后来,我读了许多人对"那个瞬间"的记录,"有生以来头一次遇到这么强烈的摇晃,以为自己要死了",原来不止我一个人发出过这样的感慨。

后来又发生了好几次余震,我先后三次前往公园避难。

公园里的榉树和樱树无风自摇,电线和脚下的地面都在剧烈晃动。明治大道旁的高楼大厦宛如狂风中的细枝左右摇摆。当时我像晕船一般,强忍着不适,拼命观察四周的情况,试图帮助自己稳定住脚下的位置。过了很久我才意识到,事情可能不妙,这次的震级是以往都没有的,只能蜷缩在公园里。

那时,我第一次感受到原来周围有很多人竟如此让人安心。同时我也深刻地意识到,虽然平时看不见彼此,但是在我周围的办公楼里,每天都有这么多的年轻男女在工作。当时感受到的,与其说是灾害带来的同病相怜的团结感,而更像是大家聚集在公园里紧挨着彼此带来的安全感。

原宿高楼的缝隙里还有一间小小的民居,住在里面的八十多岁老太太也出来避难了。老太太始终保持着冷静,望着公园里的人群,口中喃喃道:"有这么多年轻的小伙子在,就没什么好怕的了。"

对于接下来的那一个星期,我的记忆至今都模糊不清。根据日程本上的记录,我第二天就恢复了工作,还组织了集体咨询,但我还是觉得那段时间像一场梦。不,准确来说不是梦,而是缺乏现实感,只能回忆起一些碎片。我待在自家的起居室里,茫然地盯着电视上的海啸画面,仿佛一具毫无防备的空壳,只能任凭刺激注入。

而且,我一个字都写不出来。我知道还有很多稿子尚待完成,可真正坐在电脑前,我的手指却敲不动键盘了。

甚至，我脑中也一片空白。我只能枯坐在书房的椅子上，连打开电脑的心力都没有。

每逢大灾，万万不能无限制地通过新闻报道收集信息。这是应对灾害压力的一大原则。因为知晓这个道理，我主动去 DVD 店租了几部电影碟片，看完了再去租些新的，数不清究竟看了多少。租的都是动作片和科幻片，加起来至少有五部。奇怪的是，那些电影的名字我现在一个都想不起来。我只记得看完了觉得还不错，但影片里的人物就像是无脸的人偶，没在我脑中留下任何印记。唯一印象深刻的，就是空荡无人的大街和拥挤的租碟店。收银台前排队的人们，脸上都写着一样的紧迫。

"3·11"带来了什么

咨询工作占据了我日常生活的一大半，工作地点就在会集了全国各地年轻人的原宿。

原宿的街道顺着竹下大道、表参道、里原宿向四面八方延伸，一年三百六十五天都挤满了人。但是大地震之后，原宿街头的年轻人消失了。空荡荡的表参道上一辆车都没有。平时挤满年轻人的衣饰店里也看不见一个人影。现在回想起来，当时福岛核电站应该已经发生了堆芯熔毁，而在空无一人的表参道上，眼前的天空仍是湛蓝色。

政府发布了计划停电的通知，电车的班次也被削减，上班族的通勤压力骤增。有的同事甚至要换乘好几次才能过来上班。

部分客户也因担心自己到不了原宿或是赶不上回家的电车，打来电话取消预约。当然也有准时前来的客户，但新的预约却彻底没了。作为靠客户维持的咨询机构，如果没有新客户，经营状况就会持续恶化。这种情况究竟要持续到什么时候？我们还能回到震灾前的状态吗？日本经济会不会加速衰退，以致大家都无法承担得起心理咨询的费用？看着空空的预约表，我甚是不安。

与此同时，核电站的不稳定情况、不断增加的死亡和失踪人数、迟迟无法恢复正常的电力供应给我和员工都增添了无尽的压力。那段时间，我们吃着与往常一样的手工便当，在沉默中咀嚼着彼此的沉重心情。

一对中年夫妇和一个零工合力制作的便当售价仅有六百五十日元，却十分精致，有五种口味清淡的配菜。地震发生后，这家品质丝毫没有下降的便当，成了我们仅有的慰藉。身处如同戒严的原宿空城，他们却依旧雷打不动制作着这些温暖的便当，其意义何等重大，如同美丽的里亚式海岸风景已化为废墟，梅花却仍如往年那般夺目。

我告诉自己，身为一名心理咨询师，一定要保持与"3·11"之前完全一样的状态。要忘掉那场巨大的灾害，为前来咨询的客户提供同等质量的服务。这是专业人士最起码的职业素养。

然而，我依旧写不出稿子。每天结束工作回到家中，吃过晚饭、收拾完屋子再坐到电脑前已经快十一点了。生活节奏相比以前并无改变，可我就是写不出来东西。我一直严格践行着即使摔倒了也不能白摔的人生信条，但是在那段时间，我只能盯着网上的各种画面，脑子里千头万绪，怎么也理不清。

究竟是什么原因？为什么我在这种时候一个字都写不出来？我明明想把这百年，不，千年一遇的巨大灾害体验记录下来，但不知为何，千回百转的心情始终无法转化成语言。

灾害发生时，脚下的大地摇晃得很厉害。莫非那时的摇晃使我丢失了什么东西？今天就像昨天一样存在着，明天和下周也同样存在着。曾经无比坚实的地面之下，一直埋藏着让人深信不疑的信念。可是，液化的地底喷射出了一些东西。究竟是什么在支撑着此刻的我们？这台电脑的电源、房间的照明，还有带我前往工作地点的准点电车、让人放心饮用的水、可以尽情深呼吸的空气……这些过去被我视作理所当然的东西，好像都变成了另一副模样。

充斥媒体的信息

有些事情只有过了一段时间才能形诸笔墨。"3·11"过去的第三个月,我总算意识到了这点。所以,我决定总结出几条当时我一个字都写不出来的理由。

第一,灾害发生后,许多媒体人和文字工作者都有过同样的困惑:看到电视上的画面,看到房屋和汽车像树叶一般被海啸吞没的光景,面对那绝对压倒性的现实,自己所写的东西,所要表达的东西,究竟有何意义?

在海啸中,有的人瞬间丢掉了性命,有的人活了下来。在东京这边,人们的基本生活勉强能得到保障,而在受灾地区,很多人得不到那样的保障,这并非命运,也不是事故,人们是被巨大的偶然性所压倒的,毫无还手之力。书写和表达并非朝向真空。如果没有受众,没有需要那些书写和表达的人,至少对我而言,要完成记录是不可能的。人们也许不再需要我写下的文字,何况我还不受控制地坚持认为,文字的力量在海啸面前,根本不值一提。

还有一个原因。在那之前，我关注的一直都是家庭问题，尤其是亲子、母女的关系。但是震灾发生后，笼罩在媒体和大街小巷的气氛让我明显感受到，现在并不适合谈论那些。对我而言，那无异于一场强劲的逆风，在那种时候谈论"母亲过于强势"，无异于用轻飘飘的文字去对抗整个日本的大江大河。

普通的商业广告自动隐身，电视上转而播起了民间自发制作的公益广告。"我们始终站在一起。""向孩子伸出援手。"和这些口号一起的，是屏幕上大人牵起孩子小手的画面。

那恐怕是最能凸显"家庭是抚慰人心的最后港湾"这种刻板印象的广告了。在凄惨的海啸灾害视频的间隙，那些广告被反复播放了无数次，给日本广大人民带来了不可估量的、实质性的影响。

地震之后，家的羁绊被重提，家庭的重要性得到重新强调。现在正是家人团结一心的时刻。遇到灾难时最能依靠的就是家人。最后的港湾也是家。

这样的说法被数不清的人欣然接受。他们越对此深信不疑，我以前所写的文字就越容易被嗤之以鼻。

妻子呆然注视着被海啸吞没的丈夫的遗体。确认一家人都平安无事后含泪抱紧妻子的男人。看着电视上那些受灾人民的画面，连我也忍不住流下眼泪。我甚至想："也许每一家的关系都是这么美好呢。"

除此之外，当时的日本还充斥着以前从未有过的话语。"日本一心""我们都是一家人""重视羁绊""日本加油！""日本是强大的国家"……这些口号接连不断地通过足球运动员和艺人之口，传到日本各个角落。

YouTube 上还能看到更加直接且长篇的信息。一位日本著名的演技派演员含着泪说："我认为，日本这个国家是真正的天选之国。"这段视频让我甚为震惊。其实我明白那个人为何会那么说。在得知福岛核电站的严重事态之后，我也跟纷纷涌去成田和羽田机场逃离日本的人们一样，脑中闪过要逃跑的冲动。老实说，要不是"只要天皇还住在皇居，那就应该没事"的理智尚存，当时我很可能会按捺不住冲动。平时并不尊崇天皇的我，脑海里竟冒出了这样的想法，实在是不可思议。正因为这样，我才能理解那位艺人哭着说日本是"天选之国"的心情。

而且仔细比较就会发现,这类话语在战争时期的报道中也十分常见。枝野官房长官在就福岛核电站问题定期召开的记者见面会上说:"(核泄漏)并不会立刻对人体产生影响。"这句话与坚决不承认日本军处于劣势的大本营①发言何其相似。

---

①甲午战争到太平洋战争期间日本帝国陆海军的最高统帅机关,能够以大本营命令(大本营陆军部命令或大本营海军部命令)的形式发布天皇敕命,是直属于天皇的最高司令部。——如无特殊标注,本书注释均为译者注,后不再一一标明。

攀比不幸

后来，我终于拾起了这本书的撰写工作。中途搁置了将近三个月。

随着时间的流逝，有些东西也在发生变化。东京的照明虽然变暗了，表面上却已经恢复了生机，新宿歌舞伎町一带到了晚上十一点依旧人头攒动。而原宿街头成双成对的年轻人也开始重新出现，只是热闹程度不及从前。仿佛一切都在自然而然地治愈。尽管震灾的影响还会持续很长一段时间，但街头巷尾已经呈现出了日常生活复苏的迹象。

最重要的还是我与客户的关系。

从前带着各种问题前来咨询的客户本人及其家庭，在震灾过后迎来了暂时性的事态好转。

"每次看到灾区的惨状，我就觉得不应该纠结于这种小问题。"

"看了电视上的报道我就忍不住想，虽然我人微言轻，是否也能贡献一些自己的力量呢？"

这是这类客户的典型发言。因为意识到自己的问题其实很微不足道，总是闭门不出的人开始走出家门，连进食障碍的症状都减轻了。

将个人的不幸与受灾群众的不幸进行比较，认为自己的问题不算什么，还是再忍忍好了，这样的情况并不少见。许多接受咨询的人通常会说："我用这些小问题来浪费咨询师的时间，真的好吗？""像我这样的遭遇，真的能算家暴吗？"这些都是同样的思维逻辑。

其实不幸是一种极其个人的、主观性的感受。我们可以试着用疼痛来代替不幸这种表述。若将小指尖的疼痛、术后的疼痛、拔智齿的疼痛放在一起比较，小指尖的疼痛显得不值一提，也因此更容易被轻视。将普通的疼痛与难以忍受的疼痛进行比较和排序的行为，通常发生在当事人试图否定自己的疼痛，不把它当回事的情况下。这不就相当于在忽视，甚至否定作为疼痛主体的个人吗？

尽管如此，地震之后，社会上依旧充斥着数不清的攀比不幸的行为，若有人在这时公开表示"我好痛苦，我好像抑郁了"就会遭到人们的厉声指责。对于不幸和疼痛的表达，全部都要拿来和受灾人群进行比较，否则便不会为人们所接受。网络上更是充斥着堪称恶意,甚至是明显带有霸凌色彩的批判。那些并非受灾人群的人叫嚣着:"你怎么不替受灾群众考虑考虑?""你竟敢如此站着说话不腰疼!"这种行为再进一步,就会演变成"这种时候你竟然还去吃喝玩乐""都这时候了还好意思逛街"。成为一种强制性的自我约束。

每次看到人们这样攀比不幸,我都会心生厌恶。但不得不承认,真的有客户通过攀比不幸否定了自己的状态,从而振作精神,走上了康复之路。

还有另一种类型的人,也在灾后表现出了短暂的恢复。震前因抑郁而闭门不出的客户,震后像变了个人似的格外活跃,开始去鼓励(自认为)比自己不幸的人,给他们加油打气。表面上看,这是一种向他人伸出援手的助人行为,但是深究其心理,其实存在着某种优越感。在重大的不幸发生之后,自己的立场有了相对的优势,这种地位和力量的落差让本人有了更大的能量。

这也是母女之间经常出现的现象。比如母亲会一边照顾女儿一边说:"没有了妈妈,你就什么都做不了。"然后自己变得越来越有精神。这种行为实质上就是以帮助为名支援弱者,同时利用弱者的弱势给自己赋能。

原本因为抑郁而闭门不出的人,灾后每天都去参加志愿者活动,给受灾地区分配物资;原本酒精严重成瘾的人不再喝酒,每周末还驱车前往受灾地区帮助清理淤泥。这些人的行动都充满了活力,释放出了前所未有的能量,让人惊叹。类似这种以震灾为契机走向好转的案例,我见过不少。

客户在震灾之后表现出的两种变化类型,主要区别在于前者拿自己跟受灾人群进行比较,或是自责或是找到自信,后者则通过帮助他人获取能量,不管怎么说,这都是利用他人的悲剧修复自我。当然,我不能批判这种行为。无论动机如何,心理咨询最看重的还是效果。

但我要再次强调,疼痛、痛苦和不幸是对本人而言避之唯恐不及的"主观"感受,是无法拿来与他人进行比较的。那只是基于"疼痛"与"不幸"这些通用词汇产生的自身感受能与他人分享甚至比较的错觉。从心理咨询的经验而言,疼痛和不幸关乎个人的尊严,是对个体的尊重,是人之所以为人的基本结构的一部分。因为一旦进行比较,比自己更不幸的人就成了更弱的弱者，自己则成了相对的强者，这样，在面对比自己更不幸的人时，人们要么会忍不住否定甚至怪罪自己，要么会产生我比这个人更强的优越感。此时，不幸的比较（主观的比较）就会发展成自责、自我否定的恶性循环，或者得到赋能，而在这赋能中附带的是权力。

至少，我在这次的地震中没有与他人攀比不幸。我从未产生过"跟受灾的人相比……"这种想法。不对，应该说我一直在努力不去这样想。很遗憾地说，发生严重灾害时经常出现的令人感动的故事，只要仔细一想便知，那种感动其实正源自不幸的攀比。

非常时期暴露的问题

并不是所有人都能以这次地震为契机,从中获得力量慢慢恢复过来。有的人反倒会因为地震使得原本就有的问题变得更加尖锐。从数量上说,后者应该更多。本书要讨论的主题——母女关系,在震灾之后可能有很大一部分变得更糟糕了。我想,家暴和虐待的问题应该也类似。

某位评论家说过一句话我印象很深刻。"……我们基本不能期待这次地震能够带来什么新的改变。反倒应该担心此前已经存在的问题和潜伏在表象之下的问题会暴露出来。"我非常认同这句话。而之所以能够再次就母女关系展开研究,是因为我在心理咨询的一线从业见闻也再次印证了这点。

住在三陆海岸某市的 A 女士(三十五岁)乘坐终于恢复通行的东北新干线来到东京,向我讲述了她的情况。

她自幼就被生母虐待,缺衣少食,生病了也无人带她就医。她的父亲年轻时是当地数一数二的美男子，但因为家境贫寒，只能靠打鱼为生，后来跟母亲相亲结婚，基本算是入赘。

母亲家的杂货店是明治时期开业的老店，经营范围十分广，店里也售卖探亲访友的礼品。她父亲手上没有多少经营权限，家业基本是外祖父母和母亲在操持。

父亲对此心生不满，整日流连在渔业城镇特有的餐饮一条街，用出轨发泄心中的愤懑。平日里，父亲虽然没对母亲施以身体上的暴力，但是态度十分恶劣，两口子争吵不休。她在这样的家庭中出生，又一直遭受母亲的虐待，再加上几年后家里添了个弟弟，母亲对弟弟十分溺爱，一双儿女在家中的待遇可谓天上地下。也正因如此，弟弟从小就瞧不起姐姐，爱用东西丢她，上小学后甚至开始对她动手。

有一天，外面气温接近四十摄氏度，她请病假在家休息，碰到了正巧上门的外祖父。外祖父见状立刻把她带去医院看医生。外祖父其实早已察觉自己的女儿对外孙女很不好，那次意外让他意识到这种"不好"已经危及了外孙女的生命，这才决定把她带回家由他和妻子抚养。

A女士远离亲生父母，一直在外祖父母身边待到初中毕业。后来外祖父母先后去世，她不得不再次回到父母家。

弟弟的暴力和母亲的咒骂卷土重来，就连她的父亲，每次在妻子痛骂他的出轨行为时，也会把大女儿推出去当挡箭牌……所有怒火都对准她一人。母亲总是说："家里的所有问题和不幸都是因为你。"而父亲和弟弟对此不置一词。

上了高中，因为她成绩优秀，弟弟心生嫉妒，经常剪破她的校服、折断她的铅笔。后来同学也开始霸凌她，她开始厌学。

慢慢地，她就成了家里的透明人，每天蜷缩在角落里毫无存在感，一直到三十岁。弟弟考上大学后，她也离开父母家，终于不用再遭受那些暴力了。母亲说她没工作会给家里丢脸，于是安排A女士在自家公司当了个小职员，每月领着微薄的薪水。她唯一的乐趣就是坐在用外祖父母留下的钱买的电脑前，在网络世界里畅游。她在网上注册了开放浏览的博客，不时会在上面发表一些诗歌。唯有在那个被密码保护的世界里，她才是自由的。弟弟大学毕业后回家继承了家业。也许是因为和母亲之间的纽带过于牢固，他至今都没有结婚。

"3·11"地震和海啸来袭时，家中的钢筋混凝土店铺虽然被大水淹没，但是没有被冲垮。只是，当时开车外出的父亲被海啸吞没了。

他们始终没能找到父亲的遗体，只能搬到店铺的最顶层开始了三人的同居生活。那个房间只有不足二十平方米。大水一直淹到了店铺二层，留下一屋子淤泥，下面的一二层根本无法使用。这种情况下，每天去供水车那里排队领水、领救济食物的工作都落到了A女士头上。不过对她来说，电脑已经被大水冲走，这些工作反而成了唯一的救赎。

"医生，那些受灾的家庭中其实充满了暴力。"

她跟以前一样，说话声还是又细又小。

三人挤在一个不足二十平方米的房间里，情景堪比地狱。弟弟动辄对她拳打脚踢，为了不让别人发现，专门扯她头发踢她大腿。在通电之前，他们连电视都看不了，又因为觉得外面治安不好，家里规定天黑以后不能出门，母亲每天就在家里不停地吃店里剩下的零食，弟弟则像以前一样对着她大喊大叫："一切都是你的错。"领取救济物资是她唯一的外出机会。

女人们站在长长的队列中,最常谈论的话题就是丈夫的暴力和婆母的苛待。唯有在排队时,她们才能从封闭的家庭中得到短暂的解放。每次A女士双手拎着沉重的水桶,想到马上就要回到那个牢狱一般的小房间时,内心都会忍不住想,海啸怎么不把一切都卷走呢?

还有一位B女士(四十一岁),是外资药企的职员。

她在公司里担任中层管理职务,因为业绩出色,上级很器重她,每年还会派她去总部出差好几次。今年2月,她在东京市区买下一套两居公寓,刚要全身心投入事业,地震就来了。她的老家,正在福岛核电站方圆三十公里内。

四年前,曾是研究员的父亲病死,彼时家中只有母亲一人。3月12日早晨,B女士终于联系到了母亲,确认双方都平安无事。但是后来又传来了核电站泄漏的消息,B女士打了好几次电话,母亲的手机和家里的座机都无人应答。

两天后的晚上十点多,母亲突然背着大包小包出现在了B女士的公寓前。原来她当天得知核电站发生事故后,立刻拉着邻居,五个人乘坐两辆车,大包小包地来到了东京。

B女士从初中开始就一直被母亲操控着升学志愿，最后忍无可忍，产生了远离老家的想法。母亲一直希望女儿能考取国家认定的资格证书，成为一名"独立女性"。后来，B以优异的成绩从当地高中毕业，遵照母亲的意愿考上了东京的一所理科大学。入学之后，她就不怎么回老家了，自以为已经成功摆脱了母亲的控制，但在她决心成为一名药学研究员时，还是遭到了母亲的强烈反对。

母亲以父亲为例，坚持认为研究岗位都是以男性为中心的，而且收入极低。相反，外国投资的私企肯定更自由，为研究付出的劳动也能得到合理的报酬。深知母亲始终不满于父亲职业的B女士，再次遵从母亲的意愿，进了现在的公司。

自从母亲学会用手机发信息，每天都会联系她。如果母亲打电话，她还可以用录音留言来回避，但打电话变成发信息之后，她陷入了母亲随时都会干涉自己生活的恐惧，甚至冲动之下险些将母亲加入黑名单。

在三十五岁之前，母亲一直用迂回的方式催她结婚。什么独立女性也得有个孩子，否则人生就不完整；妈妈也不想催你，但婚还是要结的；等等。

近几年的催婚频率虽然有所降低，但取而代之的是母亲对自己健康的不安，明里暗里强调女儿将来要给自己养老。比如成天说自己血糖太高，有动脉硬化的风险，要是一个人住，病倒了可如何是好……至于母亲的儿子，她的弟弟，则在神户一间设计事务所工作，讨了个当地老婆，生了两个小孩。这样的儿子，早被母亲排除在养老名单之外。其实B在购买公寓时有点不安，但是考虑到母亲只有六十七岁，至少还能再撑十年，还是咬牙买了下来。

没想到，地震来了。

母亲来到东京投奔她，欢天喜地地搬进了靠窗的房间。

从那以后，她每天回家都能吃到母亲做好的饭菜，每逢休息日会陪母亲去附近的商场逛街。受地震影响，商场的照明还很昏暗，母亲却兴奋地在她耳边嘀咕："还是东京好啊。"

她总能瞅准女儿在家放松的时候，张口抱怨老家那些人，然后批判东京的生活让她难以习惯，一说就是两个多小时。她还抱怨丈夫一辈子都没什么出息，在家里却要作威作福……絮絮叨叨地说上许久，最后还会总结："你爸爸死了我可高兴了。虽然这么说不好，但还真是多亏了这次地震，我才能离开那个地方。"

考虑到地震与核电站事故也许让母亲有过短暂的惊惶，所以她一开始没把母亲的口无遮拦当回事，然而一个多月后，母亲还是这么说，这让B女士感到了不安。母亲到底要在这里跟她住到什么时候？

左思右想之下，她向关系比较好的同事透露了一些自己的情况，却被朋友指责："你还奢求什么啊，有那么多人都因为海啸失去了亲人，你妈妈现在完好无缺地跟你住在一起，你要感恩才对。"

另一个朋友则笑着对她说："家里有个主妇不是很好吗，你只管利用就对了。依赖母亲也是孝顺的一种方式嘛。"

难道自己现在不应该感到痛苦吗？3月11日14点46分的地震与随之而来的巨大海啸吞没了太多住宅和家庭，跟他们的痛苦相比，自己的烦恼确实不值一提。打开电视，所有话说到最后都在强调家庭的羁绊。我怎么能这样想，肯定是我自己有问题。B女士开始谴责自己。我太任性了，我这个做女儿的实在太冷漠了。我就应该分一间房给母亲，跟她一起生活一段时间……

她这样想着，走出了地铁站，准备横穿面前的大马路。不经意间抬头，B女士看到了自己买的高层公寓。微弱的灯光在她的房间里亮着。母亲就在那里，五道菜整整齐齐地分作两份摆在餐桌上。她甚至能看到母亲的身影，感觉到她的呼吸。那个瞬间，她放下了手机，不再像平时那样发信息告诉母亲自己已到楼下。

这两位女性的经历恐怕都无法大声说出口。因为她们的痛苦过于违背常理，很难被接受。B女士刚开口就遭到了那样的批评和非难，这种不被理解的痛苦将她们裹挟在旋涡中，一句话都说不出来。

可是，如果没有这次的震灾，她们的问题就不会出现了吗？这么多人都在忍受痛苦，难道视自己的生母为痛苦的根源，是从这次地震才开始的吗？

事实证明，这次"3·11"大地震只是让之前潜伏着的问题一气儿显露出来的契机。A女士和B女士总有一天都要直面自己与母亲的关系。所以，她们虽然痛苦，走投无路，但这也是一个机会，一个可以真正着手去处理问题的机会。

守墓女儿与她们的母亲教给我们的道理

既然非常事态一举掀开了平静的表面，让问题显露出来，那我们就更有必要去寻找潜伏在日常生活中的各种问题了。因此，我要再一次讨论母亲与女儿的关系。

2008年出版的拙著《母亲过于强势——守墓女儿的叹息》（春秋社，后文简称《母亲过于强势》）竟引发了那么热烈的反响，这是我始料未及的。当然，我希望自己的书出版之后，有女性会站出来承认："我就是守墓女儿。"但我并不认为自己在书里讨论了特别新的东西。身为一名心理咨询师，我日常生活中接触到的人，便是那些为自己与母亲的关系而苦恼不已的女性。

当然，书中写到的女性并没有具体的现实原型。我以自己见过的无数客户为底本，用更温和的话语进行了修饰，重新打造了这些故事，以减少读者的违和感。现实中还有境遇更悲惨的女儿，以及更残忍更苛刻的母亲。

然而，实际得到的读者反馈还是让我震惊。"这本书我怕得不敢翻开。""在书店看到这本书的标题，我就知道自己绝对不会看。但是犹豫了一个星期，我还是买了回来。""虽然买了书，但我一直没敢打开读。"类似的评论我已经看过太多，快要见怪不怪了。看来，很多女性在看到书名的瞬间，就都感到了隐秘的刺痛。

那些觉得"这写的就是我"的读者，一定也没想到日本竟有这么多跟自己有着同样经历的人。所有人都没想到那本书会引起那么多的共鸣，把大家联结在一起，并且直到那时我们才意识到，认为"母亲过于强势"的女性竟如此之多。

因为读了《母亲过于强势》专程来找我做心理咨询的女性大致可以分为两种：一种是四十岁左右的女性，一种是婴儿潮一代[①]的女性。不用说，这两种女性都在为人女儿的阶段经历过难以言喻的痛苦。前者担心自己如果不结婚，将来要被迫回家给母亲养老；后者则正面临给母亲养老的问题，还要担心过去母亲对自己做的一切是不是也被

---

① 又叫"团块世代"，狭义指 1947—1949 年日本战后婴儿潮出生的人群（约 800 万人），广义指昭和二十年代（1946—1954 年）出生的人群。

自己转移到了女儿身上,引起了代际连锁反应。至于男性,也就是父亲参与家庭经营的程度,则全部低得惊人。

我在给这些女性提供心理咨询的同时,也在写作中有了意想不到的新发现。此外,越来越多的人来邀请我发表有关母女关系的演讲,演讲前后观众的反应也给了我新启发。

一言以蔽之,母女关系问题不仅仅是前来咨询的部分女性的"个别"问题,更可能是当今日本女性面临的普遍问题。具体来说,四十岁前后"败犬一代"①的女性和婴儿潮母亲的关系,与随着社会老龄化加速出现的八十多岁的母亲与婴儿潮女儿的关系是同时存在的。这意味着现实再次印证了我的猜想:母女关系这种在男性看来不值一提的、看似和谐的关系在社会和历史等诸多因素影响下并不像表面上那么自由。

在我对这个问题的思考越来越深入时,地震灾害发生了,母子关系被美化,强调家庭羁绊的风潮迅速席卷了整个日本社会。这一风潮导致家庭的封闭性加剧,从而使得

---

① "败犬"一词出自日本女作家酒井顺子写于 2003 年底的畅销书《败犬的远吠》,是日本人对超过适婚年龄的未婚女性的戏称。

许多女性像前面那两个故事中的主人公那样，承受着越发强烈的痛苦。所以我要写下这本书，希望给那些深陷泥沼的人提供一些走向光明的启示。

写给现在的和未来的母亲

在上一本书中,我一直站在女儿的立场上来解读母女关系,而到了这本书,我自觉应该设定一个新的立场,一个过去是女儿的她们后来成了母亲的立场。另外,前作给女儿和父亲提供了"处方",本书则会为试图做出改变的母亲提供一些启发——这里所指的"母亲"包括现在已经是母亲的人,还有未来可能会成为母亲的人。因为越是深究自己与母亲的关系,就越不知道自己在成为母亲后应该在女儿面前呈现出什么形象,应该怎么对女儿说话,或者自己应该怎么活。眼看着女儿进入青春期,遇到各种各样的问题,已为人母的女性恐怕都会产生记忆闪回,大脑陷入混乱。在养育女儿的时候,部分女性可能会坚持不让女儿遭受自己曾经遭受过的痛苦,但她们并不知道到底该怎么做。

所以,本书将目标受众设定为广义上的母亲。想学习为人母之道的人,想了解为人母的自己的人,还有希望从女儿的立场上理解母亲，希望解开胸中诸多疑问的人，都可以试着参考。

在现实中，也许会有很多母亲对本书嗤之以鼻，因为她们对自己的母亲角色没有任何怀疑——读这本书？没有必要。可能有人怀疑，世上怎么会有这么多这么自信的母亲，尤其是从未当过母亲的人（也包括男性）看见他们的态度，恐怕会更加惊讶。

那些在青春期缺乏自信，不知该如何生活的女性，成为母亲之后会摇身一变成为什么样的人呢？我想，这个谜题在母女关系中有着重要的意义。有感于此，我打算在本书中列出以母亲为主人公的案例。正如3D电影的画面被刻意做成了模糊效果，戴上专用眼镜后才有立体视觉感，本书就相当于专业的3D眼镜。要想描绘出栩栩如生的母亲形象，那就必须是立体的，因此，本书的结构比较复杂，分别从母亲的视角、女儿的视角和女婿的视角抽丝剥茧。读者在阅读时，可以通过三个视角的微妙差异想象出一个立体的母亲形象。

在之前那本书中，我没有给出针对母亲的"处方"，原因非常简单：当时我认为，她们并不会拿起书来仔细阅读。也可以说，这是我对世间母亲的悲观看法。越是站在女儿的立场，这种悲观感就越是强烈。另外，我也担心那本书会让坚信自己是个好母亲的人产生动摇，反倒给这个世界上的女儿们造成更大的负担。

然而，这样终归是不够的。尤其在经历过"3·11"这场巨大的悲剧后，我更加坚定了这个想法。

必须让那些过于强势的母亲发生改变。在面对那样的母亲时，绝望和放弃固然容易，但那也是对她们的轻视。不由分说地认定她们不会改变只是我的自大之举。所以我决定不再考虑有无可能，先试试看再说。这也许就是我身为心理咨询师的职责所在。

这个堪称悲壮的决心，来自众多女性读者给我的激励。我很希望那些强势的母亲能看到这本书。哪怕为时已晚，我也希望她们意识到自己对女儿来说是何等沉重的存在，她们又是如何将那种压力错当成了自己对女儿的爱。如此，或许能让在10分满分的试卷中只能拿到0分的母亲，进步到3分左右。这样也好，总比一直0分好多了。

告别母亲，告别母亲立场

开始论述之前，我先解释一下贯彻本书的三大主题。

第一，自然是站在女儿的立场上审视母女关系，然后再把焦点放在过于强势的母亲究竟是如何形成的上面。她们是否对此负有责任？她们究竟能不能改变？……对于这些沉重的疑问，我希望本书能够做出一些解答。

第二，是讨论让众多女性痛苦万分的代际连锁的诅咒，她们既是女儿又是母亲。有许多母亲都在害怕自己的"加害者性"，其数量之多，让我不禁震惊这个词竟在如此短的时间内渗透到了日本社会的各个角落。我希望能把这些女性从不必要的诅咒中解放出来。

第三，是讨论"厌女症"。正是这种东西一点点侵蚀着众多看起来无比强势的母亲，让她们身为女性却极度厌恶女性。

综合以上三点，本书的最终目的在于，帮助女性"告别母亲"。

告别身为母亲的立场，以女儿的立场告别母亲：这是本书的双重论题。

即使生了孩子，女性也不需要一辈子站在母亲的立场上。生物学关系与社会关系应该是不同的。既然夫妻可以通过离婚分道扬镳，女儿为什么不能告别母亲？没错，告别母亲，同时也是在告别女儿的身份。

随着社会老龄化的加深，三十多岁成为母亲的女性将要顶着母亲的名号活上五十年，这也意味着女儿要顶着女儿的名号活上五十年。这是前所未有的漫长的母女关系。在如此漫长的时间里，女性该如何轻松地生活？究竟有没有能让母亲和女儿都满意的关系？有没有办法建立那种关系？

我要写的这本书，贪婪地包含了上述多种论题。虽然我也担心能否如数解答，但我同样认为野心越大越好，就算会消化不良，甚至可能半途而废，我也会不断地劝说自己，首先要把干劲拿出来。

第一部分 一对母女的故事
——取自咨询案例

我想挽回女儿——母亲的视角

我的前一部作品(《母亲过于强势》)封面非常好看,是耀眼的明黄色设计,非常醒目,拿掉那层护封,里面的设计也非常令人惊喜。正文中出现的母亲的话语呈旋涡状印在了内封上,着实精巧。所以,我暗中将那本书命名为"平成的黄表纸[①]"。

有这么醒目的封面,肯定很多人会拿起来看吧?可事实证明,这只是作者的一厢情愿。现实是,有的人只把它当成了背景板,看都不看就走了过去。有的人则只是看上一眼,用眼神表达一下:"哎哟,原来这世上还有这么过分的母亲呀。"

---

①黄表纸是日本安永、天明年间到文化年间(1772—1818年)流行的通俗文学书籍,因封面颜色得名,以其写实性著称。

书会召唤读者，这是我个人的购书心得。每次站在书架前，我都会心无旁骛地左右扫视，然后注意到其中一本。拿起它随便翻一页，我脑中的某个疑问就能获得灵感，得到解答。这样的体验我有过不止一次。

按理说，这只是重复出现的巧合，可是为什么偏偏就是那一本、那一页恰好对上了我正在思考的议题呢？这个现象完全无法用科学的方法解释，所以就算有人会笑话我，我还是认为"是书在呼唤我"。除去自己明确要买某本书的情况，我每次走进书店都不会主动去寻找什么书，而是等待众多书籍中的那一本把我召唤过去。这样逛书店可谓其乐无穷。虽然看似非常被动，但我能够依仗的只有那种被召唤的感觉，这反倒让逛书店变成了某种提升感官敏锐度的训练。然后，当我翻开发出召唤的那一本书，发现那一页正好能为我所用时，就会买下它。

得到黄表纸召唤的人与得不到召唤的人，究竟有什么不同呢？我猜，（自以为）母女关系融洽的人，一定不会感应到召唤。反之，能够感应到召唤的人，自己肯定也感受到了母女关系中存在着一些障碍和龃龉。

若要具体分类，能感受到那本书召唤的人有两类：一类是看见书名立刻认定强势的母亲就是她自己，另一类是认定守墓女儿就是她自己。

前者还可以分成两类。

第一类是对自己充满信心的母亲。

她们自认为跟女儿的关系很不错，自己是个好母亲。怎么还会有这样的书出版？这本书是不是想破坏我们这些传统好母亲与女儿的融洽关系？这类母亲中会有人特意把书买回去，看完了就会生气，觉得作者观点过于偏颇，收集的全都是极端案例。我也真的收到过类似读者的反馈。

这类人让我意识到，世界上真的有人买书就是为了反驳书中的观点，这让我产生了莫名的感慨。在我看来，她们才是世俗所谓观念"正统"的人。这种人肯定不会做心理咨询。

另一类母亲在看过这本书之后，也许能解开内心关于女儿的困惑。她们会猜测，这本书也许能告诉她，为什么女儿会在家闭门不出好几年，还每天半夜都要把她吵醒，无休止地指责她好几个小时。

母亲和女儿之间出现了问题，她们想尽了办法，做尽了努力,仍然毫无解决头绪。这时,在书店看见醒目的黄表纸,就会得到"召唤",忍不住把它拿起,买回家。她们的目的在于寻找女儿的问题因何而起,为何女儿会突然变成那样。同时,她们也希望从书中找到改善母女关系的具体方法。有不少母亲在看完书后找我做了心理咨询。

如果没有出版"黄表纸",我可能永远都接触不到那些人。而我又在那些宝贵的交流中得到了许多启发,所以这部分,我想讲讲这个类型的母亲。

我女儿被偷走了

雅子女士今年六十五岁,此刻她腰背挺直,优雅地半坐在沙发上。

我并不相信气场这种东西,但是因为每天都要面对很多客户,我总能在她们落座的瞬间感受到她们的表情、动作,甚至穿搭所散发出的类似氛围感的东西。我猜,这跟气场有关。我身为一名心理咨询师,似乎也形成了类似直觉的东西。

雅子女士全身都散发着黏稠的气息——既不是因为她脸上厚厚的粉底,也不是因为她汗湿的皮肤。那是我看她的第一眼就感知到的"某种东西"。

"您给说说这究竟是为什么?一定是我不对。我真的很对不起女儿。"

雅子女士露出闪着金光的牙齿,声音沙哑地开始了讲述。也许是盛夏在户外走了太久的路,她一直在冒汗,明明正对着空调,依旧拿着扇子扇个不停。

雅子女士每次都会花将近两个小时,专程从关东某县赶来找我做心理咨询。她这么做，是为了跟女儿恢复"正常的母女关系"。她有一双大大的眼睛，从她粗大的手指关节来看，她过得似乎并不顺遂。

听了她的话，读者们可能会觉得，身为母亲的女性心底总埋藏着某种悔恨。可实际上，坐在我面前的这位雅子女士说出来的，都是难以言喻的不满和怨恨，以及令她控制不住身体颤抖的愤怒。我感觉，她之所以说"一定是我不对"，完全是为了压抑这种呼之欲出的强烈情绪。雅子女士心中埋藏着何等庞大，却无法爆发的情绪哑弹啊。

我的直觉很少出错。果然，她一开口，让人招架不住的负面情绪便倾泻而出。

她很想修复跟女儿的关系，但是又对自己唯一的女儿香里有着诸多不满。纵使雅子女士想破脑袋，都不明白女儿为什么要这么对她。当然，有一个理由除外。而就在那时，她在书店里发现了一本黄色封面的书，并花了一个晚上把它读完了。

"看了您写的书，我好像特别能理解女儿的想法了。"

这算是一种经典反应，很多来找我咨询的母亲都会这么说。但是,她们究竟理解了女儿的什么呢?很遗憾,她们的理解大多与女儿的真正想法相去甚远,而她们所希望的,全都是女儿不想要的。

香里今年三十岁,母女二人已经四年没有见过面,也没有通过信了。雅子女士知道女儿的住址和工作地点,但女儿从来不让她去看望,甚至不让她给自己打电话。不难想象,在事态发展到这个地步之前,雅子女士与香里之间有过各种各样的交流。

"那孩子肯定觉得我太强势了吧。"

她能如此轻易地说出这句话,证明她丝毫不理解"强势"究竟意味着什么。不过,雅子女士在说出这句话后,还是颇为自得地点了点头。

"我应该早点理解她的,只可惜已经太迟了。"

"太迟了。"这句话背后,似乎隐藏着我一开始感觉到的那股黑沉怒火的根源。

"那个男人偷走了我唯一的女儿。"

雅子女士咬牙说道,然后恶狠狠地盯着我,仿佛我就是那个男人。她苦思冥想之后得出的唯一结论,就是这个。

然后,她开始讲述自己坚信不疑的故事版本。

在丈夫面前只会服从

香里是个老实乖巧的孩子。她上小学时有点内向，雅子女士为了让她活泼开朗一些，还送她去学过民谣，雅子女士以为，学会了民谣的发声技巧，就能在很多人面前大声说话了。

雅子女士的丈夫是个性格耿直的制造业员工，每天下班后的日常就是回到公司分配的宿舍喝啤酒看电视。吃饭时，丈夫极少说话，也很少用正眼瞧妻子。他每周五到周日的晚上都要改喝烧酒，所以雅子女士要一直关注家里啤酒和烧酒的存货，不让其断供。

雅子女士的父亲和兄长都酗酒，所以她从未抱怨过丈夫的酗酒问题。但她每次一对丈夫提出不同意见，对方就会大发脾气，对她拳打脚踢，这是她所无法容忍的。

有一次，雅子女士的父母从九州远道而来，在女儿狭小的家里落脚。吃晚饭时，丈夫看着电视说："石原裕次郎的弟弟是作家吧？"雅子女士纠正道："不是弟弟，是哥哥吧。"

忽然，丈夫大发雷霆，怒吼道："吵死了。"接着抽了妻子一巴掌。因为一切发生得太突然，雅子女士捂着左脸坐在地上，一动不动。约两秒钟后，雅子女士的父母从震惊中反应过来，连忙开口道歉："武雄啊，真对不起，是我们雅子出言不逊了。"香里全程不发一言，握着筷子坐在那里，仿佛冻成了冰块。

拼上性命的育儿

那之后的一天,父亲趁雅子的丈夫外出时打来电话:"你可以不必忍他的,家里随时欢迎你回来。"其实在此之前,丈夫每次醉酒都会对她施暴,事后都会补上一句:"谁让你反驳我的。"那天接到父亲的电话,雅子女士才第一次对丈夫的行为产生了疑问,他怎么可以在岳丈岳母面前丝毫不顾情面,仍对她大打出手。

后来她也无数次地后悔过,自己如果那天一狠心回到九州老家,也许事情就不会变成现在这样。可惜,一切都太晚了。雅子女士的父母怀着对女儿的担忧,在其后的五年间先后离世。

她之所以没能下定决心回老家,是觉得这样做等于放弃了自己亲手选择的婚姻。每个女人婚后都会有同样的烦恼,如果选择了逃离,就相当于认了输。而且家里还有香里,她不能只顾自己而让香里失去父亲。哪怕是为了女儿,她也得多忍耐一些,否则就不配为人母。

从那以后，雅子就把自己的全部精力都放在了培养女儿上，一心希望香里成为一个优秀的人。可以说，这是"拼上性命"的育儿。

她会给家里常备亲手制作的点心，冬天会为女儿织毛衣，夏天会亲手为她做连衣裙。她原本以为，香里会高高兴兴地穿着她做的衣服去上学，直到香里结婚后，她才知道了惊人真相。

"妈，你知道你织的毛衣让我受了多少欺负吗？因为毛衣太大，花纹太丑，同学们老对我起哄，管我叫蓑蛾虫。"

这个词刚落地，雅子女士就跳了起来，她还是头一回听女儿说起这件事。她怒不可遏："谁这么说你的？明明是说你的同学不对！"

"谁跟你说这个了。我那时怎么可能会告诉你我在学校受了欺负呢？你这辈子都不会理解我当初为什么不告诉你这些。"

"你怎么能不说呢……都过去这么久了你才跑来怨我，那我能怎么办啊。"

这只是无数对话中的一个片段。

对于香里婚后说出的那些以前从未说过的话，雅子女士每次都愤而反驳。她认为这是在管教女儿，让女儿不再依赖娘家、不再依赖母亲，是为人母的职责所在。

从香里上初中开始，这条应试教育之路上一直是雅子女士在陪伴她。对她而言，女儿的变化无疑是毫无道理的。

香里升初中后，雅子女士开始四处寻找补习班，送孩子去补习。补习班的费用是从丈夫每月给的生活费中匀出来的；至于孩子夏季集中补课的学费，则是雅子女士看了报纸广告去邻镇做零工攒的。因为害怕被认识的主妇朋友看见，她特地把工作地点选在了邻镇而不是当地。

由于丈夫一口咬定家里没钱供女儿上私立高中，雅子女士就给女儿找了县里比较好的公立学校。她把给自己买新衣服的钱都省下来，为女儿买学习参考用书。

本来就其貌不扬的雅子女士，这下更顾不上形象了。对她来说，只要能看到香里开朗快乐，她就心满意足了。香里也没有辜负她的期望，虽然成绩算不上数一数二，但在班里总是名列前茅。雅子女士人生价值的唯一体现，就是女儿的成绩单：每天在熟食工厂站着打零工，忍受丈夫的打骂，一切苦楚都会在看见成绩单的瞬间消失得无影无踪。

在雅子女士的不懈努力下，女儿考上了县里最好的公立学校。她永远忘不了学校放榜那天的情景。前一天和当天清晨，她都去了神社，祈祷女儿能够金榜题名。当时太阳还没出来，寒风凛冽，连呼出的气体都成了白色，她走在神社的台阶上，突然看见一只白鸟从眼前掠过。她惊讶地抬起头，却怎么都找不到那只鸟的身影。雅子女士莫名觉得，那是神明在用这种方式告诉她："别担心，一定会考上的。"放榜之后，她对香里诉说了自己的经历。女儿握住她的手，含泪说道："妈妈，真的谢谢你。"

雅子女士从未与任何人分享过这个温馨时刻。即使后来再也见不到香里，雅子女士依旧会经常想起女儿温暖的双手，心中一片苦涩。

女儿的未来就是我的未来

丈夫一直都信奉女子无才便是德，因此女儿考上高中并没能让他多高兴。在家里提起公司的事情时，父亲也会呼着酒气说女员工做不长久，生完孩子就没用了。每次听到这种言论，雅子女士都会气得心痛，但是为了不刺激丈夫，雅子女士还是花了很长时间，慢慢说服他供香里上学。

丈夫虽然共情能力不足，学历也不高，但胜在工作积极，成功升职到了管理层，家里的经济状况也宽裕了一些。这也让雅子女士松快了许多。

她减少了打零工的天数，开始经常跑书店，为了女儿的将来她买了许多以前从来不看的书，还开始去图书馆学习。香里想读法律专业并参加司法考试，雅子女士就四处搜罗司考真题、法律基础和考试要用到的日本史资料，那股学习的认真劲儿，仿佛要考大学的是她自己，每天都过得十分充实。

那段时间,雅子曾反复做同一个梦。她梦见一个身穿灰色西装的女性新员工,穿着高跟鞋嗒嗒嗒地跑下台阶。那个年轻女人试图挤上已经满员的电车,但车门最终无情地关闭,缓缓启动向前。定睛再看那年轻女人的脸,竟是二十几岁的自己。梦到这里,她就惊醒了。当时她并没有深究那个梦到底是什么意思,后面回忆起来,她才猛然意识到,原来她把自己跟女儿重叠在了一起。

只要女儿能幸福,她愿意付出一切。她要帮女儿考上自己以前想都不敢想的四年制大学[①],还要帮女儿拿下证书找到工作。她坚信,只要每天都朝这个目标前进,就能一步一步走向光明的未来。这是她活下去的目标。

她给女儿做饭团当宵夜,给女儿泡浓茶送进书房。每次敲响房门,听见香里说"请进"时,雅子女士都会忍不住想象香里未来的样子。香里穿着利落的西装大步走路,香里手脚麻利地完成工作,香里挤在男人堆里在会议上发言……每每想到女儿未来的这般模样,她都会陶醉不已。

[①]过去,日本女性更多会选择上"短大",也就是学制为两年的专科学校。

香里得知自己成功考上大学时，就像考上高中那天一样，含泪握着她的手说："这都是妈妈的功劳，谢谢妈妈。"而这一刻，丈夫好像也很高兴，嘟囔着："很好，很好。"还多喝了几杯烧酒。

丈夫的样子雅子都看在眼里，心中暗道："现在知道夸孩子了，已经晚了。你根本一点力都没出，现在却装出一副为人父的模样，哪里还来得及。"

在她看来，香里的大学录取通知书，也是她身为母亲的及格证书。她一直顶着压力和痛苦不断操劳，现在总算得到了回报。这些年她一件衣服都舍不得买，打零工的工资全都用来贴补香里的补习班和预科班，连自己都在图书馆里废寝忘食地学习……如今，香里成功考上第一志愿的大学，雅子女士的努力没有白费，女儿成了她的荣耀。她很想跑出去，抓住所有人大喊："我女儿考上××大学了！"

香里终于结束了艰苦的复习考试之路，雅子女士也难得睡了个好觉。

放榜后的一个星期，可以算是雅子女士人生的高光时刻了。

她竟然要抛弃我

雅子女士理所当然地认为自己会陪女儿参加入学典礼,可是香里再三犹豫过后,吞吞吐吐地说——

"妈妈,你一定要参加我的入学典礼吗?"

她万万没想到女儿会说出这样的话。她震惊之下愣怔了片刻,然后肯定地点点头。这么长时间过去了,雅子女士还是忘不了香里收到回答之后的表情。那是明显的不快,甚至厌恶。

这究竟是怎么回事?她们母女两个共同努力了那么久,她为了女儿艰难隐忍了那么久,为什么她要去参加女儿的入学典礼,对方却露出那样的表情?难道女儿身体不舒服?不对,肯定是复习考试太累了。雅子女士当即自省,她要给女儿多做些美味的饭菜。

"妈妈当然要参加啊。香里好不容易考上了最想去的大学,妈妈可是打算到时坐在家长席位的最前排呢。"她大声宣告。

香里注视着雅子女士，长叹了一口气。但是很快，她又变回了平时那副乖巧的模样。见她这样，雅子女士顿时放心了许多，同时决心去平时舍不得去的高级超市买切片牛肉。她觉得，无论何时，无论是谁，都会有想岔的时候。

无论在街坊邻居面前，还是在亲戚面前，香里都是雅子女士令人骄傲的女儿。她很快就把香里考上好大学的事情告诉了九州的亲戚，嘴上虽然说着："唉，那孩子就是运气好。"心里却想："我当年都做好了回娘家的准备，但是我没有，所以才有现在的荣耀。我为香里放弃了离婚的念头，香里这才获得幸福，没有变成单亲家庭的孩子。我丈夫比大多数九州男儿还要大男子主义，多亏了我多年来忍气吞声，才有了现在的好结果。你们要是羡慕，大可以试试能不能吃我这样的苦。"

香里考上大学后，经常跟雅子女士分享大学的生活。她的每一天都很快乐，很充实，她提到的课程趣事和与朋友交往的趣事，雅子女士都听得津津有味。对雅子来说，那是自己从未经历过的生活，她多希望自己也能回到年轻的时候，亲身体验一番。

她也一度觉得自己不必再打零工了，但是想到女儿为了考证可能还要上夜校，她又决定继续工作，继续攒钱。

随着退休年龄将至，丈夫一点点减少了酒精的摄入量。他说担心老了身体不好，把平时喝的烧酒换成了啤酒，星期天也不再在电视上看高尔夫球比赛了，而是去荒川岸边散步。丈夫的变化雅子女士都看在眼里，她心想："真是太任性了。既然要戒酒，怎么不在香里初中最敏感的时候戒？现在健康起来，也只会给我添麻烦，虽然好歹比卧床不起要人照顾好一些。"

大三那年夏天，香里提出要搬出去独居。

雅子女士记得很清楚，当时听见"独居"这两个字，她的脑袋"嗡"的一声。她也很奇怪，自己怎么会有这么大的反应。那一刻，雅子女士不知该如何回答，只留下一句"等一下"，便走进洗手间深吸了一口气。

事实是，香里开始学习专业课程后，光是去学校就要花一个半小时。要是将来再加一门夜校课程，回家的时间就更晚了。有了雅子女士一点点积攒的私房钱，给香里租一间房子也不是完全没可能。香里想搬出去完全在情理之中。

可是，雅子女士完全无法想象香里离开后这个家会变成什么样。绝对不可能。必须反对。想到这里，她调整好呼吸，强颜欢笑地回到了起居室。

"你爸应该不会同意的吧？"

听了雅子女士的话，香里激动地反驳道："爸爸同不同意跟妈妈没有关系吧？你现在拿爸爸来当挡箭牌，不觉得奇怪吗？"

"你爸爸当然也会担心你一个小姑娘在外面独自生活不安全啊。总之我今晚先问问他吧。"

"那妈妈呢？你同意还是不同意？"

雅子女士被逼到了死角。这还是她头一次被香里这样顶撞，内心震惊不已。

她的泪水唰地掉下来，忍不住对香里大吼道："你为什么要自己出去住？现在的生活有什么不好吗？妈妈不让你出去住都是为了你好啊。所有的一切都是为了你好。"

她一刻不停地说着，眼泪也不停地往下掉。雅子女士并没有擦眼泪，暗暗期待着女儿看到自己的泪水就会改变主意，因为她知道，女儿的心地就是这么善良。可这次，香里并没有退让。

"如果家里的钱不够,我可以跟朋友合租。我还会出去打工,不会给妈妈添麻烦的。"

雅子女士一听,近乎尖叫着脱口而出:"香里是妈妈的宝贝啊!为什么,为什么啊……我明白了,你这是要抛弃妈妈了。"

无法忍受与丈夫独处

因为那句话,香里最终放弃了搬出去的念头。事后,雅子女士把这件事告诉了丈夫,丈夫只扔过来一句:"她怎么能一个人住?"短短几个字,雅子女士顿时感到,只有在这种时候丈夫才是她坚定不移的伙伴。

雅子女士本来以为搬出去只是女儿一时心血来潮,没想到香里特别坚持。后来她仔细思考了一番,还是觉得自己的反对没有错。有的大学生上学都要花两个小时呢。而且,就算跟朋友合租,在学校附近住还是太奢侈了。

这件事发生的五年后,香里开始拒绝与母亲见面。最初那段时间,香里还尝试给母亲写过信。她在信中反复提及此事,礼貌而真诚地向母亲解释,"抛弃妈妈"这句话对她带来了多大的心理负担。雅子女士未经香里同意(当然也联系不上),就拿了其中几封给我看。

"我是真的觉得女儿要抛弃我了呀。我只是如实说出了自己的感受,为什么她要那样指责我?"

这便是雅子女士在咨询时说的话。

不过，对于为何反对女儿搬出去生活，她本人也很赞同香里在信中的分析。

信中写道："如果我当时真的搬出去，你就要独自跟那个男人生活了。而你很害怕变成那样，所以才会反对。"

书信从始至终都称呼雅子女士为"你"，语气极为冷静。

"就是这样。我觉得香里这一点没说错。她真的很了解我的心情。我绝对忍受不了跟丈夫单独生活。"

雅子女士低头喃喃着，最开始那股漆黑的怒气已经消失得无影无踪。

在她看来，只要女儿香里放弃搬出去的想法，一切就能完美收场。得到想要的结果后，雅子女士松了一口气，但实际上，她心里肯定已经种下了不安的种子。雅子女士从未设想过女儿会搬出去独自生活，但是反过来，香里却给自己准备了离开母亲独立生活的选项。这种关系有点像深信自己会与妻子共同生活一辈子的丈夫，以及暂时与丈夫生活在一起，并不排除有离婚可能的妻子。

其后，香里便遵照母亲的意愿，开始往返于学校和家，晚上还要去夜校学习，准备迎接司法考试，一天下来回到家已经是十一点多了。日复一日。雅子女士每天都会等香里回家才开始吃晚饭。香里有时会无奈地看着这样的母亲，但从来不多说什么，只是沉默着吃完饭，然后洗澡睡觉。

大学毕业的第一年，香里就通过了司法考试。

雅子女士又把这个消息告诉了九州的亲戚们。虽然她只告诉了他们结果，没有过分炫耀，但亲戚们的反应不约而同，他们纷纷表示家里出了个律师，这下不怕受人欺负了，然后以"歹竹出了好笋"收尾。每次听到那句话，雅子女士都当即断定"歹竹"就是丈夫。是啊，谁能想到一个木讷死板、脑子又不灵光的男人，生了个能通过司法考试的女儿呢。她觉得这多亏了她，是她赌上一切，把香里培养成了这么优秀的孩子。

分外骄傲的雅子女士，浑身散发着人生即将跃升到新台阶的激动。

拒接电话

后来因为要在司法研修所研修，香里还是搬了出去。研修所确实比大学还远，这回她再也无法家和研修所两头跑了。连雅子女士也不得不接受这个事实。而且事到如今就差毕业考试这最后一步了，无论如何都得小心一些，别讨了香里的嫌。更重要的是，她得明事理，不然怎么担得起"律师母亲"这个名号呢？

"记得吃饭一定要营养均衡啊，在外工作，身体就是最大的本钱。周末妈妈给你做好吃的，你可一定要回来。"

"好的好的，知道妈妈爱操心。那我考虑考虑，看周末要不要回来吧。"

面对雅子女士的反复唠叨，香里笑着回应道。

雅子女士要陪她找房子的要求，也被香里委婉地拒绝了。"妈妈，我那些同事都要租房子的，你不用担心。"

很快，香里就找到了房子，接着便找了搬家公司，干脆利落地搬走了。

不过，雅子女士提前问到了女儿的地址，也许是看着地图一路摸过去的，她到得比香里还早，香里到达时，她已经站在单身公寓门口等着了。看到母亲的瞬间，女儿忍不住瞪大了眼睛，好一会儿才反应过来。

"吓了一跳吧？对不起对不起。"雅子女士开心地说着，不一会儿就在附近的电器店买齐了需要用到的家电，之后还去大型商超买了一套新的床品。当然，那是给雅子女士自己用的，这样要是女儿有什么事，自己可以过来帮忙，还可以在这里过夜。当然，用的都是雅子女士这些年打零工攒下的钱。

看见那套床品，香里脸色骤然一变。

"妈，你这……我不是说了有空就会回家吗？你为什么要在这里过夜？"

她的声音里夹杂着一丝质问，但雅子女士假装什么都没听出来，她认定女儿刚搬出来一个人住会害怕，想用母亲的关爱让她更好地适应。于是，她缓慢地用冷静的语调对女儿说："话不能这么说。万一你发烧或是受伤了，还不是得妈妈赶过来照顾？你一个人在外面，妈妈怎么能放心呢？香里你啊，什么都不用操心，只管好好学习就行了。"

没有女儿的生活比雅子女士预想的还要痛苦。她感觉心里像是破了个大洞,一天一天地没了奔头。

丈夫依旧保持着早上散步的习惯,好像身体都结实了不少。而且,这两年他减少了酒精摄入量,比以前更容易感知到妻子的态度了。对此雅子女士甚是恼怒,觉得他"烦死了"。

她开始重新审视丈夫,往常的一切变得那么不可理喻。他在那种公司究竟有什么好做的?又没有朋友,回了家也不好好说话,一有时间就盯着电视机。看电视就看电视吧,他却喜怒不形于色,没有一点点反应,就这么把自己放在电视机前。那副样子看上去哪里是人啊,根本就是什么动物摆件。

然而,只要茶不够热,他就指着茶杯吼:"喂!"衣服若是没晾干,他就黑着脸把内裤塞过来骂:"怎么搞的!"虽然这几年丈夫的打骂已经减少了很多,但每次遇到这种情况,雅子女士还是会没来由地害怕。明明丈夫是个没出息的人,她就是控制不了自己的恐惧。对此,雅子女士自己也很无奈。

这样的日子里，唯一让雅子女士高兴的，就是给女儿打电话。因为不敢当着丈夫的面聊，她就把自己关在留给女儿的二楼房间里，向女儿汇报当天的见闻，对着女儿抱怨她的丈夫。

最开始她担心女儿工作忙，没敢经常打，后来打电话的频率慢慢地变成了每天至少要在午休时间和晚上十点之后各一通。只要听见香里的声音，雅子女士就会放松下来，打开话匣子，而跟丈夫共处一室时，就像死去一般，什么交流都很难展开。

让她意外的是，搬出去之后香里几乎没有回过家，只在黄金周回来过一次，但当天就回去了，没在家里留宿。雅子女士几次想去女儿租的房子里住几天，都被女儿推托自己很忙，让她别来。雅子女士变得越来越郁闷。

有天晚上，雅子女士等到九点整，终于拨出了女儿的手机号码，只听见那头传来一段冰冷的语音："您拨打的电话已关机……"之后无论打多少次，都是关机。她越想越担心，又给公寓座机打了电话，等待她的还是一串语音："机主已外出。"她祈祷着女儿回家后能听见留言，就留下了长长的一段录音："香里，怎么了？你没事吧？……"甚至平时不怎么愿意动手发的手机短信,她也发送了好几条。

但是当晚过了十二点,她也没有接到女儿的回电。雅子女士觉得一定是出事了,第二天一早就要赶去香里的公寓。向来言出必行的她,两小时后就来到了女儿公寓前。面对那扇怎么都打不开的房门,雅子女士非常后悔当初怎么没配一把备用钥匙。

她再仔细一看,发现大门投信口没有堆积的报纸和信件,也没发现什么可疑之处,才终于稍微放下心来,写了一张便条贴在门上就离开了。

　　香里,妈妈很担心你,过来看看。希望你没事。不管怎么样,请给妈妈回个电话。妈妈担心得快要病倒了。

当晚她还是没有收到香里的回信。打电话过去,依旧只能听到系统默认的语音提示:"您拨打的电话已关机……"

雅子女士拼命让自己冷静下来。究竟发生了什么?她肯定是被女儿拉黑了。她确信,香里那边一定是发生了什么事。莫非女儿交男朋友了？时间一天天过去，她的疑问逐渐变成了肯定。香里是她从小看着长大的。那孩子在想什么，要做什么，她都了如指掌。一定是了。她的直觉不会有错。香里肯定是"有男人"了。

肯定是被人控制了

第三天，雅子女士终于等来了香里的信息。

语气十分客气，内容却无比冷酷。

> 非常抱歉，让你担心了。请以后不要再给我打电话了。就算打了也没用，因为我已经把你的号码拉黑了。总之，我这边一切都好，不必多虑。夏季长假我准备回家一趟。在此之前，请不要联系我。打电话和发信息都不要。

雅子女士盯着手机屏幕，双手开始发抖。她满脑子只有三个字：为什么？

这条信息真是女儿发来的吗？她该不会被人控制了吧？我猜得没错的话，肯定有个男人在背后操纵香里，要把她从我身边夺走。如果不是，那老实乖巧的香里怎么会说出如此冷血的话呢？非但没叫我妈妈，还直呼"你"了。

女儿可从来没用"你"称呼过我这个母亲啊。

控制她的男人究竟是什么来头?要不干脆找个私家侦探调查一下?还是自己去香里的公寓守株待兔,等那个男人来了抓个现行?她对自己的体力很有信心,即便蹲上一两个晚上也不在话下。

想到这里,她又犹豫了。要是猜错了怎么办?我跟香里的关系恐怕会变得更糟吧?上大学之后,香里就对我越来越冷淡了,若是真的惹恼了她,又该如何是好?香里还是个不谙世事、天真的孩子,要是让她知道母亲误以为她被男人操纵,肯定会特别受伤。香里可只有我了呀。

也许香里只是工作太忙了,又不习惯独自生活,心里有些乱而已。最好还是先忍忍,听女儿的话多给她点时间。香里毕竟涉世未深,还没吃过多少苦头呢。

想通这些后,雅子女士稍微恢复了平静。不过,她再也不想看到那条短信,便摸索着把它删除了。

后来,雅子女士不断告诫自己,要为香里忍耐,她马上就结业考试了,一定要确保她顺利毕业才行。控制自己不去联系女儿对她来说如同地狱般痛苦,但是一想到这都是为了女儿,便也坚持了下去。

如香里所言,她在进入夏季长假后发来了信息。

我将在×月×日×时到家。我有许多话要对你们说,请做好准备。

这段文字依旧透着莫名的冰冷,但一想到终于能见到香里了,雅子女士还是满心欢喜。女儿一定是想她了,才有许多话要说。她立刻开始盘算要做什么好吃的来招待女儿。

香里如约回到了家中。她看起来瘦了一些,但好像比以前更自信了。

雅子女士像以前一样张罗了满满一桌子菜,一家三口边吃边聊。丈夫觉得机会难得,就喝了点兑热水的烧酒。这种与从前无异的氛围让雅子女士感到了久违的安心。

饭后喝茶时,香里突然开口了。

"我想跟一个人结婚。"

"……"

丈夫和雅子女士都沉默了一会儿。香里仿佛事先准备好了台词,继续说道:"对方是跟我在一个研修所研修的同期生,我们在大学时就经常一起学习,今后也要在研修所共同进修,所以我们决定结婚。"

"现在准备先一起生活,等我们都通过了结业考试,再举办婚礼。"

她的语气里透着坚定,仿佛无论遭到多强烈的反对,都不会改变自己的决定。虽然这番话来得突然,雅子女士心中还是涌出了一股莫名的成就感,觉得自己的推断果然没错。

"你这孩子真是的,怎么突然说起这个了,这叫妈妈怎么回答呢?妈妈年纪大了,受不起惊吓呀。"

丈夫赶紧应和:"就是就是。"

只有在这种时候,丈夫才会老老实实地给她捧场。

"反正他就在外面,你们要见见吗?"

听到那句话,雅子女士猛然意识到香里这是设计了一场完美的先斩后奏。那个瞬间,她暗道:"中招了。"

玩弄于股掌之中

雅子女士拼命思考该如何回应香里这句话。

回想起来,自打结婚后,她一直都在经历这样的事。她必须在丈夫突然咆哮或施暴的瞬间决定好自己该如何应对。为了不触怒丈夫,为了让一切归于平静,这么多年来她一直都在小心翼翼地斟酌着自己的态度和用词。

在经历过数不清的修罗场之后,雅子女士早就学会了瞬间切换到"装作什么都没发生过"的状态。

被丈夫殴打时,她应该是害怕得说不出话、更无法反抗的,只能绷紧身体,抗拒丈夫的触碰。后来仔细一想,丈夫可能想要她下跪认错,但她做不到。因为当暴力突然来袭,她的大脑会瞬间变成一片空白。

尽管如此,她还是训练自己保持同样的表情,迅速切换反应模式。

"很快就会过去的。""一味悲观只会让自己的日子更不好过。""纠结于过去只会毁掉将来。"这些话就像餐厅每日一变的套餐一样，被雅子女士反反复复地用来规劝自己。如此训练了几年，她的模式切换变得十分熟练。同时她也意识到，丈夫这个人真的很单纯。只要捧着哄着，他就会特别高兴，只要不顶嘴，他就只会耍一通威风完事。至于他偶尔的夸夸其谈，不中途打断听完就是了。换言之，只要照着对付三岁孩子的办法就不会惹怒他。她开始默默在心中把丈夫视作"老儿子"。说到这里，她想起在自己的家乡九州，有好多人都对她说过："男人就要玩弄于股掌之中才好。"雅子女士小的时候，母亲、外祖母，还有亲戚家的女眷，都毫不遮掩地抱怨过自己的丈夫，她们最后也都是用这句话作结的。

仿佛什么都没发生

"你们要见他吗？"香里话音刚落，雅子女士便条件反射地收拾起了餐桌上的碗盘，还边收拾边转身对丈夫说："等会儿就上点心，好吗？"只要她装作什么都没有发生过，赶紧把眼前的家务活干完，那么一切可怕的、憋屈的事情都会过去。正如前面所说，这是她在多年的婚姻生活中摸索出的生存之道。

三岁小孩一样的丈夫像是认定了遇到危机场面一定要唯雅子女士马首是瞻，此时也打出了绝妙的配合。他说："嗯，可以。你去切蜜瓜吧。"雅子女士暗叹：你也只有在这种时候跟我意见一致了。还忍不住哼了一声。

香里静静地看着父母的表演。另一边，雅子女士感知到背后的沉默，心里瞬间充满了完成大逆转的得意。此刻，香里口中的婚事仿佛成了模糊的梦境，让她不禁怀疑这件事可能从来没有发生过。她从冰箱里拿出蜜瓜，开始切片。看着蜜瓜流出的甘甜汁水，她越发确信，香里要结婚这件事肯定是假的。这种事不可能发生。

"我明白了。你们的想法我完全明白了。"香里对着雅子女士正在切蜜瓜的背影，平静地说。

丈夫应该不会看香里。他这时一定在假装到处寻找电视遥控器。雅子女士回过头，挤出大大的笑容："好了，快来吃蜜瓜吧。这瓜熟得刚刚好。"

香里瞥了一眼手表，拿着包站了起来。切好的蜜瓜看都没看一眼。

"电车快赶不上了，我该走了。多谢二位款待。"

她飞快地说完这句话，转身走出大门。

雅子女士与丈夫坐着一动不动，只抓着汤匙默默地挖着蜜瓜吃。他们都盯着电视，一口一口地吃着，谁也没说话，仿佛谁最先开口谁就得为这件事负责一样。

从始至终，雅子女士都没跟丈夫讨论过一句女儿要结婚的事情。时间就这么过去了，仿佛什么都没有发生过。香里要结婚这件事逐渐从雅子女士的生活里消失了。

接下来那一个星期，雅子女士故意没有联系香里。她觉得女儿可能需要时间来冷静一下。肯定是司法研修所的学习压力太大了，她才会没头没脑地说出那种话，故意让父母担心。雅子女士觉得这样的香里太幼稚，还忍不住笑了几声。有这样一个迟迟不能独立的女儿，真是太让人头痛了。"真拿她没办法。"雅子女士嘀咕着，走进了车站门口的水果店。她仿佛能看见香里一脸后悔地说："那天我怎么没吃了蜜瓜再走呢？"想到这里，她决定给香里寄一个蜜瓜。

雅子女士虽然忍住没打电话，但每天都要给女儿发信息，她打字的速度也快了很多。"早啊。""晚安。""今天身体怎么样？""再怎么忙也别熬夜哦。""今天晚上吃什么了？"……过去她只能编辑一些简短的文字，熟练之后甚至能添加颜文字了，爱心更是每条都没落下过。

尽管那天不欢而散，香里还是会每三天回复一次信息。她对雅子女士的称呼依旧是"你"而不是"妈妈"，也没有改变那种公文般的语气。不过女儿的工作本来就涉及很多公文，风格有所变化也不算奇怪。何况她都快二十五岁了，还叫"妈妈"确实有些幼稚。想必世间的女儿都是这样渐渐离开母亲独立的吧。想到这里，雅子女士越发对努力离开自己实现独立的香里心疼不已，恨不得立刻跳上电车去公寓看她。

那天以后，丈夫就再也没有提起过香里，依旧每星期天早上去散步，工作日则按部就班地去公司。只做两个人的饭菜也让雅子女士万分痛苦，但是有一天她突发奇想，把饭菜装进密封容器里盛好，直接用冷链快递寄给了香里。

她不由自得起来，以前怎么就没想到这个主意呢。这样一来，一日三餐做起来就十分舒心了。她只需要像香里搬家前一样，做三人份的就好。这么想着，雅子女士又恢复了做饭的激情。

很快就到了秋风送爽的时节，这天，雅子女士又把晚餐装进了密封容器。正忙活着，手机突然响了。竟是香里打来的。

"妈妈，你还好吗？"

这是香里正常状态下的声音。她都开口叫妈妈了，肯定好多了吧。

"妈妈当然好了。你怎么直接打电话来了，好难得啊。"

"谢谢妈妈总是给我送菜，帮了我好大的忙。"

"那有什么的，反正做两个人的饭是做，做三个人的也是做，你不用客气。只要你能顺利毕业，比什么都强。"

"妈妈,下个星期天,你要过来玩吗?"

这是香里头一次邀请母亲到自己的公寓做客。雅子女士还没来得及开心,反倒先担心起来了。香里之前这么坚决地要独立出去,怎么又向我撒起娇来了?莫非她遇到了什么不好的事情?难道是学习不太顺利,希望我过去住一晚?对喽,女儿还是要有母亲的陪伴才好。

"可以啊,妈妈顺便把菜买了,过去给你做饭。就吃火锅吧。"

"谢谢。我这里的厨房有点小,不过妈妈应该没问题的,对吧?"

她感觉自己已经好久没跟"正常"的香里说过话了。那个略显胆怯,但总是认真又努力的香里。她之前一直在努力让女儿独立,可是现在看来,女儿还是有些无助。既然如此,她只能再守护女儿一段时间了。

雅子女士心中充满了使命感,同时还有一丝丝甜蜜。

被逼到悬崖边上

在公寓的小厨房准备火锅实在麻烦，这里地方太小了，光是洗菜切菜就得来回折腾费不少工夫。香里在旁边开开心心地给她打下手，陪她聊天，偶尔抓起手机走出去，没多久再回来。

到了只需要给便携煤气炉打着火就能开饭的时候，门铃突然响了。香里快步跑过去开门，门外是一个年轻男人。

"你们好。"

那人带着爽朗的笑容打过招呼，竟然大摇大摆地脱鞋进了屋。香里也笑着把他迎了进来，理所当然地让他坐在餐桌旁，自己则从书房搬了椅子坐在他旁边。

看着他们两个坐在对面，雅子女士猛然明白过来。

女儿为什么突然叫她过来，为什么不时拿着手机出去一下，为什么把丈夫排除在外……只要结合夏天提到过的婚事，一切就有了答案。

雅子女士已经退无可退。她无法像在自己家那样，慌忙站起来做家务，装作什么都没有发生。而且，最会在这种时候跟她打配合的丈夫也不在。

香里静静地看着雅子女士露出放弃的表情，这才郑重开了口。

"这位是黑木先生。你还记得我夏天说过的那个人吗？当时你根本不听我说话，所以话题没能继续下去。"

"伯母你好，我是黑木。"

雅子女士只能坐在那里点头，眼睁睁地看着这场事先安排好的戏码在香里二人的完美配合中上演。不过，她也没忘了仔细观察这个男人。

不愧是未来的律师，竟然想不动声色地操纵我。不过，我可从来没见过这么能言善辩的男人。家里的丈夫和亲戚都是九州男儿，个个沉默寡言——唯有在这种时候，雅子女士站在了九州男儿这边。这个黑木的话实在太多，她根本插不上嘴。不过雅子女士认为此时不宜翻脸，便摆出了一张笑脸，还不忘点头回应。

最后，雅子女士光顾着紧张应付对面的二人，连火锅的味道都没尝到，她甚至没能留宿一晚，只能赶着末班车回去。

"妈，我送你到车站吧。"黑木站在玄关，爽朗地笑着。

妈？谁是你妈？她都没同意这桩婚事，这个男人凭什么叫得如此热络？只有香里能管她叫妈，他配吗？想到这里，她就气不打一处来，委婉地说："不用，我一个人能行。"

香里与黑木站在公寓门口，挥手目送她离开。雅子女士背对着他们，沿着昏暗的道路走向车站，泪水止不住地往下流。

第二年春天，香里与黑木结婚了。

他们只办了个小型仪式，不过雅子女士还是叫上了九州的所有亲戚。黑木的双亲住在东京郊外，有着雅子女士夫妻俩无可比拟的高学历。他们言笑晏晏的样子，在她看来像是来自另一个世界的人。

"能娶到您家这么优秀的女儿，我们真是太高兴了。"黑木的父亲这么说的时候，雅子女士的丈夫只知道一个劲地点头哈腰。至于雅子女士自己，她怎么都说不出"小女顽劣"这种谦逊的话。那可是她精心呵护养大的女儿，什么叫"娶到"啊？就算嫁了人，她们母女俩的关系也不会断绝的。她才没有把女儿"交给"黑木。想到这些，她在女儿的婚礼上怎么都高兴不起来。

她根本无法想象黑木竟然抢走了她的香里。男人为了得到自己想要的东西都会不择手段,他肯定是凭借三寸不烂之舌欺骗了香里。香里还被蒙在鼓里吧?好在他们毕业后要去不同的律所上班。就算结了婚,入了黑木的户籍,香里依旧是她的女儿。没错,什么都不会改变。而且女儿婚后肯定会更辛苦,我要更加用心地为了香里而活。想到这里,她的眼泪就淌了下来。

九州的嫂子见她这样,以为雅子女士是太高兴了,便拍着她的肩膀说:"真是一段好姻缘啊。真羡慕你。"

这根本不是高兴的泪水,而是不甘的泪水。雅子女士暗自想道。是她没能保护好香里,让女儿受了诱惑,被那个油嘴滑舌的年轻人骗走了。

手握备用钥匙

然而,结婚只是一切的开端。跟黑木结婚后,香里就变了。

雅子女士至今都这么想。

婚后,香里夫妇搬到了稍大点的公寓,毕业考试已经临近。

雅子女士决定,从距离考试还有半年的时候开始,每周去他们公寓两三趟,为女儿打扫房间,准备饭食。

有了上次的惨痛教训,这回她决定要一把备用钥匙。雅子女士说:"为了减轻香里的负担,我可以经常过来打扫房子。"黑木笑着回答:"那真是太好了,有了您,香里肯定能更专注于学习,哈哈哈。"就这样,她轻而易举地拿到了备用钥匙。香里坐在一旁,脸上满是不安,黑木却一副若无其事的样子:"妈这么尽心尽力,我们得心怀感激啊。"她也只能小声应和:"嗯,对啊,那就麻烦您了。"

就这样,雅子开始大摇大摆地出入二人的公寓。她感觉她们母女的关系比女儿婚前还要近了一些,便想:"看吧,结了婚也不会有任何改变。香里没了我还是不行。"

她每次去都会用吸尘器把房间的每个角落都打扫得干干净净,然后把买来的牛奶、蔬菜甚至纳豆整整齐齐地码放在冰箱里,再把衣服都洗好晾上,这才离开。有时她还会把夫妻二人的内衣裤都叠好,整齐地放进抽屉。公寓的厨房不知不觉变成了雅子女士用得最顺手的样子,锅碗瓢盆的收纳位置也只有她最清楚。

很快,雅子女士就把小夫妻的公寓当成了自己的地盘,而回到丈夫所在的家时,则像"出门"一样。

毕业考试(国家考试中的司法研修生考试)定在晚秋时节,在此之前,研修生会被派往外地进行长时间的实习,两口子都要离开一个多月。黑木说:"妈要是能经常来给房子开开窗子通通风,那就太感谢了。"

所以雅子每次都要坐上两个小时的车去香里的公寓,娴熟地拿钥匙开门,打开公寓的所有窗户。

雅子女士住的地方靠近大海,每次开窗都能闻到一丝海潮的气息，里面还混杂着工业地区特有的机油味。香里的公寓通风时，空气中带着武藏野森林的味道，有时还能听见远处公园孩子们的玩闹声。雅子女士按部就班地打扫卫生、检察冰箱里的食材，仔细确认有没有坏掉的食物，就在她嘀咕着如果孩子突然回家会不会没东西可吃时，她注意到冰箱里还剩一包乌冬面，就简单做了个汤煮面。

面做好后，她坐在厨房的餐桌旁，看着午间新闻慢悠悠地吃了起来。她不时看看一尘不染的房间，还有窗外蔚蓝的天空，恍惚间觉得这里才是自己的家。

她站在房子中央伸了个大大的懒腰，感受到了前所未有的自由。接着，她走进香里夫妻的卧室，躺在双人床上睡了个午觉。窗外吹来的风清新怡人，不知不觉她就睡着了。

意料之外的反应

通过国家考试后,黑木在年末的某一天打来电话:"这段时间劳烦母亲照顾了,我和香里想登门道谢。"听见他客气的措辞,雅子女士心里很恼火。还有,为什么打电话来的不是香里?搞不好是黑木不让她打。这人真是太不懂事了,他难道不知道全天下的母亲都只想跟自己的女儿说话吗?尽管如此,她还是用应付外人的嗓音热情地应道:"哎呀,你真是太客气了。其实这都算不得什么,你不必在意的。"

黑木跟雅子女士约定,他们两个将在三十一日晚上回家,而雅子女士已经认定了,香里肯定会一个人留下来,在娘家度过新年的头三天。她还计划着给女儿换上好久没穿的和服,今年还去那家神社参拜,回家后马上熬红豆,给女儿做她每年都会吃的年糕汤……嗖嗖嗖,雅子女士就把这一连串的行程安排都定了下来。

三十一日那天,他们果然来了,只是香里穿着羽绒服和高领毛衣,手上只拎了一个单肩包,怎么看都不像是来过夜的。雅子女士跟女儿一碰面就想问,但她还是强忍着没有说出来。

那天丈夫心情很好,像是专门等着黑木一样,热情地给他添烧酒。雅子女士小声嘀咕着,就知道在外人面前装相,同时把超市买的年夜菜都摆上了桌。见黑木跟丈夫开始对酌,她把香里叫到了厨房。

"过年你要在家住吧?妈妈已经给你备好和服了。"她压低声音,语速飞快。

"不了。"

雅子女士倒吸了一口气,这个回答是她意想不到的。后来回想起这件事,她觉得自己当时肯定是瞪大了眼睛。

"我再说一次,不了。"

"……"

短暂的沉默过后,雅子女士开始施展她的绝技。她接了一锅水,放在灶台上烧了起来。

"煮跨年的荞麦面还是要放多点水啊,你觉得呢?"

她的语气格外轻快,仿佛刚才什么都没有发生过。她什么都没听到。香里什么都没说。她得用最快的速度把这件事从记忆中抹除。

然而,香里却板着脸,死死盯着雅子女士。然后,她的唇角向下一撇,双目一垂痛苦地喃喃道——

"单是到这里来,我就已经很痛苦了。"

女儿看起来像要碎了一般。看着她低头不语的模样,雅子女士心里突然涌出一股担忧。

"怎么了?出什么事了?"她忍不住走过去,想握住香里的手。

"别过来!别碰我!"香里用力甩开母亲的手,大声喊道。

黑木闻声慌忙跑进厨房。香里伏在他的胸口开始痛哭。

都是那两个男人不好

丈夫也跟着黑木进了厨房,但是他有点醉了,走路都不太稳。

"你说什么了?难得人家黑木也来了,你可别欺负香里。"

"好了好了,父亲,您别这样说。"

黑木用哄醉鬼的语气说。

唉,怎么会这样。他为什么偏偏在这个时候冒出来。但凡这个男人插嘴,就没有能了结的事。怎么不干脆醉死算了。他根本就不懂香里。这么多年了,他根本就没有理解过女儿……黑木也很过分,把自己当成了正义使者,却不知道妻子是因为太累才情绪如此不稳定。他根本没资格当她丈夫。他就应该让香里好好休息,等过完年再回娘家。想都不用想,他肯定让香里一个人做大扫除,把她累坏了。早知道我该过去帮忙的,要是我在肯定不会这样。

雅子女士看着眼前的一幕,香里与黑木仿佛成了电视剧中的人物，与她的世界彻底隔离。她心里顿时燃烧起对这两个男人的熊熊怒火。

后来，香里一句话都没有说，直接跟着黑木离开了。不知怎么，黑木一点都没有表现出惊讶，搂着香里连连道歉："不好意思，打扰二位了。"然后转身走远。这是雅子女士最后一次见到香里。

第二天才是最糟糕的。丈夫坐在电视机前，不停地喝着兑水的烧酒，还时不时刺上两句。

"都是你这些年做得不好。"

"你这就是自作自受。"

"你不该把香里惯成这么任性的孩子。"

他怎么就能如此翻来覆去地说那些让人生气的话呢？难道已经被酒精腐蚀了大脑，开始老年痴呆了？跟他待在一起，我的脑子也要被污染了。究竟是谁的错啊！有时间坐在家里喝酒，怎么就不出去散步呢！光是看到他，就让人气不打一处来。真希望这个年赶紧过去，恢复正常的生活。

这么想着，雅子女士清洗餐具的动静更大了。其间，她抬头瞥见了摆在冰箱旁边的镜子，发现自己的眉间挤出了一道深深的竖纹。唉，所有安排都乱套了。本来今天这个时候，她应该跟女儿参拜神社回来，一起熬红豆才对。看着丈夫的秃头，闻着空气里的酒味，她不由得加大了洗碗的动作。

这一次，雅子女士连绝技都施展不出来了。她怎么都忘不掉那个又哭又闹的香里。每次想起来，她都在心里不断嘀咕：

> 多可怜啊。我的香里真是太可怜了。她那么累，那么痛苦，我却没有理解她。真是太对不起她了。

想着想着，雅子女士的眼泪就涌了出来。刚才被丈夫责备她都没有哭，可是一想到香里，她就哭到停不下来。这一哭，仿佛把所有的不如意都召唤了出来。洗完餐具，拿起布巾用力擦拭的时候，她的泪水依旧流个不止。

> 其实你只要提前说一声，妈妈肯定会帮忙做大扫除啊。客气什么。男人只会嘴上哄哄，到头来还不是把家务活全都丢给女人。黑木这个人是绝对不值得依

靠的。你什么时候才能懂得这个道理啊。

　　过年这几天,希望你能好好休息。工作地点应该定下来了吧?接下来肯定会更忙,到时候妈妈再去帮忙。别担心,妈妈会一直陪着你的。

她一边把锃亮的餐具收进碗柜,一边在心里对女儿说话,仿佛女儿就在她面前。

我可比她们强多了

这已经是雅子女士第三次来咨询了。

"我们家啊,平时就靠丈夫的退休金和我打零工的钱生活。"

虽然这么说着,她每个月还是会准时来到我的工作室,结束后支付咨询费用,然后离开。通过交谈,我渐渐发现雅子女士在这之前,已经找过各种各样的人求助了。

其中一个就是宗教。当她走投无路陷入绝境时,主动靠过来充当救命稻草的,就是一个新兴的宗教组织。她参加了每周一次的集会,惊讶地发现那里有同样烦恼的女性竟如此之多。"儿子只听媳妇的,最近都不联系我了。""女儿已经过了三十五岁,到现在都不想结婚。仔细一问,她竟然在跟一个四十多岁的已婚男人搞婚外情。我让她分手,她不愿意。"

看上去像集会负责人的女性告诉她们,为人父母必须勤奋修炼,才能祛除附在子女身上的"忘亲恩"诅咒。雅子女士暗自认同，怀疑香里也被沾上了那种诅咒，但是一想到丈夫肯定会把她的话当作胡言乱语，就怎么都提不起劲来。

就这样参加了两个月的集会活动之后，她又惊讶地发现这样不仅特别浪费钱，反而强化了自己的悲惨境遇，渐渐地，她变得越来越消极，最后直接退出了。接着，她又尝试供养水子①。刚生下香里不久，雅子女士曾因丈夫不配合避孕而怀上了第二胎。二人商量过后，她打掉了那个胎儿。那件事至今都是她心里的痛。为了供养水子，她花了足足五十万日元，香里还是没有任何变化。

迷信可能不管用，她突然想起了她在香里公寓的书架上看到的某精神科医生的著作。她很感慨，没想到每次打扫房间都看看书架的习惯竟在这时派上了用场。只要见到那位医生，说不定就能唤醒香里。

说干就干。她找到那位精神科医生的诊所，等了四个小时，终于见到了他。然而，那位医生却用一句话击碎了雅子女士迫切的渴望。

"我就直说吧，没戏。你啊，无论做什么都没戏。"

---

①指出生不久便夭折的孩子，或在妊娠过程中流产的胎儿。

"……没戏？难道真的没办法了吗？"

雅子女士还是不肯放弃。连事后听她讲述的我都不得不佩服她的行动力和誓不罢休的劲头。

"你有想过自己做过什么吗？"

医生扔下这句话，便示意雅子女士身后的护士叫下一位患者了。离开诊室前，那位医生告诉她："我给你开点轻度的抗抑郁药物。"

医生的语气冷冰冰的，但从未有人如此斩钉截铁地对她说过那些话，她被深深地刺痛了。是啊，我只要反省自己就好了。她只觉得自己有了目标，连腰背都能挺直了。那一瞬间，她感觉自己向那位精神科医生"皈依"了。她感到体内涌出一股神奇的力量，眼前仿佛出现了一道希望之光，只要依靠这位医生，新的道路就会出现。然后找个日子，写信告诉香里自己正在接受这位精神科医生的指导，她一定能理解自己身为母亲的心情。

从那之后，雅子女士每周都会去诊所接受治疗，同时还报名了诊所组织的志愿者咨询讲座，学习相关知识。她觉得自己辛苦了一辈子，肯定能为经历相似的人提供帮助。自己一定能拯救那些可怜人。她可是律师的母亲啊。雅子女士想写信把这些都告诉女儿,但是参加讲座的前辈建议她,短时间内最好不要联系女儿。再一问,原来那位前辈也两年没有联系过自己的女儿了。

"因为这样才能让我们这些母亲从'互累症'中解脱出来。"

看着她一脸笃定,雅子女士不禁想:"我可能也有互累症。"在那家诊所,互累症被解释成"用过剩的关怀控制对方的行为"。

参加诊所的治疗小组时,雅子女士又吃了一惊。因为实在有太多母亲遭到子女的苛待了。有人被女儿用电话听筒殴打头部缝了八针;有人被儿子管控着每日的生活,整整三年无法自由活动;有人被吸毒的儿子监视着一举一动;有人为了替儿子还赌债,被迫卖掉了三栋楼。

听着那些故事,雅子女士慢慢宽下心来。她的香里才不会做那种事,她才不会吸毒或者赌博。小组里的那些人虽然很可怜,但我跟他们不一样。香里也跟他们的孩子不一样。没错,我比她们强多了。

可是,雅子女士为什么还是在治疗小组里待了近一年呢?因为她对小组成员们讲述的夫妻关系产生了共鸣。有时候，她们的讨论话题会从最关键的孩子转移到自己跟丈夫的关系上。而她们的丈夫无一例外都是很糟糕的人。被丈夫责怪"孩子变成这样都怪你，是你没教育好"已经算是轻的了。有的丈夫眼看着妻子被儿子殴打，还会哼着歌悠闲地擦拭高尔夫球棍；有的丈夫见女儿的暴力行为有恶化的趋势，就自己跑出去躲了三天都没回来，事后一查，原来是躲去了小情人的出租屋；有的丈夫深更半夜偷偷给老母亲打电话，哭诉儿子抵触上学的问题。

每次聊到这些话题，雅子女士才会产生"我也一样"的共鸣。这些女人的丈夫都在婚后对她们拳脚相加，也在子女出现问题之后才停止了暴力行径。跟她的经历一模一样。她在小组发言中指出丈夫会对自己动手，主持谈话的护士告诉她："这种行为叫作家庭暴力。"这时她才意识到自己遭受到了暴力对待，同时对丈夫的厌恶更深了。她甚至感到愤怒。但是都过去这么久了，她又不能离开丈夫。加之丈夫买了人寿保险，虽然饮酒量有所减少，但酒从未停过，明显会死得比她早。所以，她总是劝说自己，只要再忍几年就会好的。

那么，究竟是什么让雅子女士放弃了诊所的治疗呢？

想告诉她努力的成果

这个治疗小组的另一个主题是：与父母的关系。

小组里与雅子女士年龄相仿的其他人，父母都是八旬高龄，甚至已经去世了。而这些人与父母的关系，依旧会经常成为小组交流的主题。令她惊讶的是，她们总说自己父母的坏话，抱怨父母的不是，有的人说着说着还会泪流满面。一些人在谈论自己子女问题时都很开朗，甚少流泪，但是一谈到父母，就会哭得停不下来。这让雅子女士感到很不可思议。而且，那些女人最后总会说上一句——

"我很担心自己是否把父母对待我的那套转移到了孩子身上。"

每次聊到这个话题，雅子女士就不怎么搭话。因为她很怕自己会忍不住责备她们。她们这样也太过分了。家中父母都已经如此高龄，有的还与世长辞，怎么能这么说他们呢？这些人究竟几岁了啊。明明是跟我差不多的大妈，为什么还要这样骂自己的母亲？她仿佛看到了在九州当护士的妹妹，每次心情都很糟糕。

有一天，她终于忍不住开了口。

"你都这么大了还怪自己的父母，会不会太不负责任了？"

那个瞬间，小组的气氛被冻结了。啊，我好像说了不能说的话，糟糕……对这种气氛极其敏感的雅子女士立刻就察觉到了不对劲，但是为时已晚。

四周伙伴们的眼里满是不解和疏远，仿佛在说："你来这里这么久究竟学到了什么？""你难道不知道什么叫代际连锁和成年孩子[①]吗？"

原来，这个小组讨论的目的就是说父母坏话，把一切都怪罪到父母身上啊。察觉到这一点后，雅子女士便再也不想参加了。她还以为小组讨论只需反省自己做过的事情就好，却不明白为什么还要怪罪父母。雅子女士自豪地想，至少她从来都没有怪罪过自己的父母。远在九州的母亲早

[①]成年孩子（Adult Children），荣格提出的心理学术语，原出自 Adult Children of Alcoholics，意为在父母为酒精依赖症患者的家庭中成长起来的孩子，广义上指 Adult Children of Dysfunctional Family，在机能失常的问题家庭中长大的孩子。童年时代的父母感情不和或虐待等，使得他们在成年后依旧无法摆脱心理阴影，无法独立。

已是人生的过去式了。

雅子女士的妹妹却跟她完全相反,总是跟周围的人抱怨母亲的不好,有时还会责怪母亲。她早已打定主意,自己才不会像不懂事的妹妹那样做那种丢人的事。雅子女士决定退出那个治疗小组。仔细想来,那大半年的经历是她这辈子从未有过的。她要把这件事告诉香里。女儿如果知道她有多么努力,一定会对她刮目相看的。这可是她反省的成果。释然了之后,她就回家照常吃晚饭,然后坐到桌边,开始给香里写信。

雅子女士给我看了那封信的复印件。信里是这么说的:

那之后一切都好吗?妈妈每天都在想你。

今天,妈妈有个好消息要告诉你,就鼓起勇气写了这封信。

知道你喜欢看K医生的著作,我去他的诊所接受了治疗,并加入了那里的治疗小组。经过将近一年的治疗,妈妈总算明白了一些事:妈妈可能太忽视你了。

你上幼儿园和一二年级那几年,妈妈为了照顾在九州的外婆,没能一直把你带在身边,小小的你一定很渴望妈妈的关爱吧？是妈妈没能顾及你的感受。妈妈一直都很愧疚。

真的很对不起。

你上初中之后，妈妈尽量把所有时间都花在你身上，祈祷你能够过上幸福的生活。希望你能理解妈妈的苦心。

那年三十一日过后，你就不愿意见妈妈了。妈妈伤心极了，瘦了整整六斤。

我不知道黑木先生对你说了什么，但是妈妈只有一个愿望，那就是希望香里能够过上自己最想要的生活。我去你们的公寓找了三趟，都没能见着你。你那么善解人意，一定能理解妈妈当时沮丧的心情吧。

那个黑木先生还发消息给我说："我知道这样很对不起您，但请您暂时别来打扰香里。否则，香里可能会无法正常工作。具体的事情我不好细说，还请您理解。"

他肯定是偷偷从你手机里拿到妈妈联系方式的。太过分了。而且，他说的那些我一个字都没看懂。

他真的觉得三言两语就能让一个母亲释怀吗？母亲的关怀怎么可能让女儿没办法正常工作呢？一定是他这个丈夫还不够理解妻子。你说，妈妈说得对吗？想来想去，我都觉得那条消息实在是太可怕了。

　　但是，如果我生气，很难保证黑木会对你做什么，所以我只能照他说的，忍住不联系你。

　　不管黑木怎么说，妈妈都是你唯一的妈妈。你是妈妈十月怀胎生下来的啊。

　　我很高兴能把小组治疗的心得分享给你。现在，我终于是个懂得自我反省的母亲了（笑）。

　　希望你看了这封信之后，能理解妈妈的苦心。也希望你能走出那么伤心的境遇，变回原来那个阳光开朗的香里。

　　P.S.妈妈瘦了一点，最近总觉得膝盖很痛，应该是身体开始衰老了。

看了雅子女士的信,我发现她从中间开始去掉了对黑木的敬称。我轻轻叹了口气。我感到了一种无能为力的、难以形容的虚脱感。

此刻,对面的雅子女士正绞着手等我开口,那表情仿佛在说:"我这封信写得很好吧?不过黑木那条信息到底是什么意思?"我当然不可能说违心的话,只好说道:"看得出来你写这封信已经很努力了,那你女儿后来有什么反应吗?"

雅子女士的脸色猛地阴沉下来,目光也躲闪了一下。我正后悔这个问题也许太直接了,是不是该换一种提问的方式,只见雅子女士抬起头,眼神突然变得凶狠起来,她直勾勾盯着我说:"医生,你怎么看朝鲜的绑架问题?"

这句话实在出乎我的意料,我只能问:"这个问题跟我们刚才说的有关系吗?"

"我到现在都觉得香里是被黑木绑架了。"

她的泪水开始大颗大颗往下掉。她用略有些粗糙的右手指腹擦掉泪水,继续说道:

"他都那样说了,我这个做母亲的还能怎么做?他是在用香里的工作威胁我啊。那个人是律师,肯定什么都做得出来。像我这样的小老太太，只能被他玩弄于股掌之间。

"我猜，黑木的父母也是一伙的。他肯定对那两个人说了我不少坏话，让他们觉得我是坏人。我可怜的香里，就这么被黑木和他的父母骗了。现在我特别能理解那些被朝鲜绑走了女儿的家长的心情。

"让黑木父母白得了香里这个乖巧的女儿，他们肯定高兴坏了。他们比我们这些小人物更有教养，工作的地方也更知名，肯定不会想听我插嘴的。可是，把香里培养成优秀女孩的人，是我啊。是我亲手培养了这么优秀的香里！"

雅子女士的声音越来越大，脸也越来越红。这会儿她完全顾不上擦眼泪，一刻不停地诉说着，咨询时间快结束了，她还在发表"女儿绑架说"。

不过，雅子女士能把自己想象中的故事如此清晰地表达出来，未尝不是一件好事。因为由此可以看出，虽然她表面上摆出了想让女儿知道自己在反省的架势，但是内心深处依旧对女儿的丈夫黑木怀有强烈的憎恨。这种憎恨甚至扩大到了黑木的父母身上，至于香里，则被她想象成了跟被绑架的受害者一样无辜的人。

她所有的猜测必须是真的，因为她想否认那唯一的可能性——女儿可能正在抗拒母亲。雅子女士恐怕不会承认这一点,甚至不可能想到这一点。她的词典里,根本没有女儿抗拒自己这个词条。

走过漫长的隧道——女儿的视角

前面都是从雅子女士的视角在讲述故事,现在是时候切换到女儿香里女士的视角,看看究竟发生了什么,她对这些又做何感想了。

我是不是个恶鬼？

三十一日的晚上能平安度过吗？虽然丈夫黑木会陪着我，但是回了娘家，见到母亲，我真的能当天就走，不被硬留下来过夜吗？进入十二月，香里女士每每想到这里，就会突然惴惴不安。

她不用想都知道母亲是怎么盘算的。她一定想把黑木打发回去，让他回父母家，而把我留下来跟他俩（准确来说是跟她）一起看NHK的红白歌会跨年，然后在元旦早上让我穿上好久没穿的和服，二人结伴去神社参拜，回家后再开始熬每年必不可少的年糕汤里的红豆。母亲每年安排的行程无非就是这些。

唉，我能成功躲过去吗？我该怎么办？有没有人帮我把那个人赶出这个世界啊。

香里女士这样想着，同时又像往常那样产生了强烈的自我厌恶。

我怎么会有如此可怕的想法？妈妈只有我了，可我却想方设法地要远离她。妈妈,不对,那个人的身边已经没有任何人了。她只能跟我那没出息的酒鬼父亲一起生活。而我从小就看着他对那个人拳打脚踢,现在虽然不经常动手了,但也依旧是死性不改,难道不是吗?

那个一直以来都被我唤作妈妈的人,究竟做错了什么呢?她从我小时候开始就不顾自己的穿衣打扮,一门心思扑在我身上,只为了让我顺利升学。多亏了她一直耐着性子做自己并不喜欢的兼职,我才有条件上补习班啊。也是多亏了那个人努力说服父亲,我才有机会考上大学。即使在上了大学之后,那个人也为了让我通过司法考试,一直在打零工。真的……母亲一直都是为了我而活,她对我的付出几天几夜都说不完。这是无可辩驳的事实。所以作为她的女儿,我应该由衷地感谢她才对。我应该一有机会就告诉大家,我能走到今天,多亏了母亲对我的爱。

但是,我做不到。不仅如此,我还不想看见她,不想听见她的声音,甚至无法忍受她给我发信息。如果可以,我恨不得逃到另一个世界去。这才是我的真实想法。

我这个样子,真的能胜任律师工作吗?真的能理解他人的苦恼吗?我真的配做个人吗?我其实是恶鬼吧……

世界骤然龟裂

　　脑中一浮现"恶鬼"这个词,香里女士就无力地垂下了头。之所以会想到这两个字,是因为考上大学后的某一天,香里女士的内心世界突然发生了翻天覆地的变化。那件事将她一直以来的世界观彻底颠覆,眼前的现实骤然龟裂。最开始她只是感到震惊,到最后甚至觉得自己会这么想,恐怕是精神出现了异常。但这种想法只要有了苗头,就怎么都无法斩断。渐渐地,它扎下根,越长越大。这一切究竟是怎么发生的?且看香里女士在大学时代的痛苦挣扎。

　　香里女士至今都记得那个瞬间。她一度坚信自己拥有世上最好的母亲,直到那个信念第一次被撼动。

　　"妈妈,大学的同学都很会打扮,我可以学学化妆吗?"

　　黄金周的某个正午,火辣的阳光倾洒在阳台上。香里女士一边晾衣服,一边跟在厨房准备午饭的母亲闲聊。来自中心市区高中的女大学生大多染了头发，画着精致的眼妆，香里女士很羡慕她们，便说出了自己的心愿，盼望着母亲带她去买化妆品。

然而，母亲一言不发。

香里女士晾好衣服进屋，母亲突然凑过去，小声喃喃："不要脸。"

当时香里女士并不明白母亲在说什么。她脑海里只有一个大大的问号。"怎么了？""为什么？"那一刻，她一句话都说不出来，许久之后才恢复了说话的能力。

香里女士被惊得无法动弹，母亲却突然换上了明快的表情说："今天中午就吃炒饭吧。"接着，她又大声对坐在隔壁房间看电视的丈夫说："吃饭啦，听见没有？"

看着母亲若无其事的样子，香里不由得怀疑刚才是不是自己听错了，或者是出了别的什么差错。可是当她出门找朋友玩，抓着电车的吊环凝视着窗外时，母亲的话开始一遍又一遍地在脑中回响。

"不要脸。"

母亲的确是这么说的。她说我"不要脸"。我不想承认，我多希望是我听错了。无论怎么尝试，香里女士都说服不了自己。

也许母亲并不希望我享受身为女性的快乐。也许她不赞成女儿在大学里化妆打扮,享受校园生活。香里女士一想到这里,记忆顿时翻涌起来。

上高中时,无论香里女士怎么恳求,母亲都不同意给她买超市里带着花边的内衣;上初中时,母亲拒绝了她买大板巧克力送给老师作为情人节友谊巧克力的请求。每一次,母亲脸上的表情都是那样的。

记忆继续回溯。

香里女士来了初潮,第二天羞涩地向母亲汇报这件事时,她也露出过同样的表情。那表情里掺杂着几分轻蔑,几分无奈,还有几分烦躁。直到此刻,她才意识到这个问题。

圣母像反转

裂纹一旦出现,就会越来越多,越扩越大,最后整个冰层断裂。

对香里女士来说,母亲是最大的靠山,有时甚至如同圣母。但是在这个表象之下,刻满了母亲痛苦而遍布荆棘的人生。从香里小时候起,母亲就无数次抱怨过自己的婚姻生活何等艰难。可是,母亲从来没有流过泪,所以香里女士一直很佩服母亲,觉得她隐忍又坚强。

香里女士的世界被母亲牢牢保护起来,而她身旁的父亲只知道无能狂怒。有时候香里女士也会想,等她长大了,一定要带着母亲离开那样的丈夫。她把这个当成自己最大的使命。

然而,那个坚不可摧的世界,却因为母亲的一句话出现了裂痕。她脚下的大地开始震颤,记忆中的光景渐变成了反片,自己一直以来坚信不疑的母爱褪去了色彩,这么多年的人生根基,动摇了。

她的心里乱极了，可是每次回家见到的依旧是母亲明朗的笑容，还要每天跟母亲一起吃晚饭。渐渐地，香里女士再也忍受不下去了。再三犹豫之后，她大三那年鼓起勇气提出要一个人生活。她本来已经准备好了全套的说服方案，包括打工养活自己，万万没想到，这个决定被轻飘飘地驳回了。香里女士早就预料到会这样，母亲回绝她的脸色和话语，她都一五一十看在眼里记在心上。

母亲脸上闪过慌乱的表情，甚至冒出了点点泪光，但是没过多久，她就扭转了情势。那一刻，母亲用到的绝杀技是那句"为了香里好"。想必她一门心思地认定，只要像宣读圣旨一样祭出这句话，女儿就会对她言听计从。最令人惊讶的是，母亲竟然与她极度嫌弃的父亲联手，组成了联合战线，最后是父亲做出了决断，不同意她搬出去一个人住。不出所料，在女儿表示放弃后，母亲露出了满意的笑容。

心的撕裂

也许,那些针对父亲的诅咒和贬低,也是母亲在夸大其词。毕竟那两个人至今仍一起生活。既然如此,一直被迫听母亲抱怨的她又算什么?香里回忆起自己的学生时代,顿时感到怒火中烧。

对母亲观察了一番之后,香里大幅改变了未来的人生规划。她一定要早点通过司法考试,那样就能名正言顺地搬出去了。只要跟母亲分开生活,说不定她们的关系能稍微缓和一些。可是,她的另一个自我一直在拖她的后腿,不让她这么做。

"妈妈现在只有香里了。"——母亲的声音深深地在她心里扎下了根。要是我离开了那个家,母亲就只能成天对着父亲了。她那么讨厌父亲,这么做会不会太残忍了?要不我还是带走母亲,让父亲独自生活吧。只要我加倍努力,应该能供养他们分开生活。

这两个计划始终在香里脑中对抗,她的心被撕裂了,无尽的疲惫裹挟着她。尽管如此，香里还是得拼命努力。不论出于何种理由，通过司法考试都是香里女士与母亲，甚至还有她的父亲一直希望的结果。后来，每次想到在那之后还有种种苦难在等着她，香里就不禁感叹，那段埋首学业的大学生活竟是她人生中最后的平静期。

百般努力之下，香里女士终于通过了司法考试。按照规定，她还要以实习生的身份在司法研修所进行一年零四个月的研修，而在此期间，大部分研修生都会住在宿舍。雅子女士费尽心思提前做了调查，早在出成绩之前就在反复劝说香里女士租一间单身公寓了。

"宿舍住那么多人，相处起来肯定会很累。还是一个人住更舒服，不是吗？钱的问题你别担心，妈妈会想办法。"

其实研修生也有补贴，所以金钱上的负担不算很重。香里女士觉得，通过考试后，只要能搬出去，就一定能远离母亲，实现她的目标。所以在这件事上，她没必要与母亲对抗，不如干脆顺着她的意思搬出去。就这样，她听从了母亲的建议，决定租一间单身公寓。然而到了搬家那天，她才意识到自己中了雅子女士的计。

她把自己租到的公寓地址和签约的不动产公司都告诉

了母亲,因为需要父亲做担保人,这些信息不可避免地要知会家长。只是,香里女士当时无论如何都不会想到这么做会造成什么样的后果。

这次搬家,她只需要把自己房间里的书和桌子搬走,并不怎么麻烦。把行李托付给搬家公司后,香里女士自己换乘了几趟电车,花了将近两个小时,总算来到了让她满怀期待开始独居生活的地方。

然而,母亲却站在门口。

母亲得意扬扬地看着满脸震惊的女儿,开心地说:"累坏了吧,你这屋子还挺不错呢。"原来,一切都在母亲的掌握之中。香里本来已经准备好了搬到新地方,按照自己的意愿开启新的生活……现在看来,母亲还是摆了她一道。

香里女士强忍着崩溃点了点头,没有说话。

开始独立生活的礼物

母亲的迎接让她碰了一鼻子灰,但香里女士还是拼命地转动脑筋,想要调整心情。

妈妈这么做肯定是为了让女儿少受一点苦。一定是的。这世上可能只有妈妈会这么关心我了。虽然我受了点惊吓,但还是要体谅她,因为这都是来自妈妈的爱。而且,妈妈以后都要独自跟她瞧不上的父亲生活了。只有我能想象到那是一件多么让人心累的事情。我怎么能急着摆脱妈妈呢?就算分开住,我也应该好好支持妈妈,让她鼓起在痛苦中活下去的勇气啊。

她努力想这么做,但是看到母亲接下来的一系列举动,她的心又开始动摇了。

香里女士拆开了房间里的纸箱,慢慢整理搬来的行李,而母亲则系紧了围裙,高兴地开口道:"我出去买点东西。"

"啊?你要买什么?你知道商店在哪里吗?"

屋子里的书堆积成山,一想到接下来不知得花多少时间把它们归置到书架上,香里女士就隐隐希望母亲能搭把手。但是下一刻,母亲的那句话就打了她个措手不及,连语气里都带上了一丝责怪的色彩。

"没问题,我已经查过地图了。"语气平静而且颇为得意。

两个小时后,母亲意气风发地回来了,还递给香里女士一个信封,里面放着一系列家电和厨房用品的购物小票,还有写着预约配送时间的便笺。

"这些明天都会送过来,没问题吧?"

"要是香里没时间,那就妈妈来帮你签收。还有,这些都是妈妈用私房钱买的,就当是给香里开始独立生活的礼物。"

对香里女士而言,能搬出那个家已经耗尽了她的全部力气,母亲给她买的这些东西,确实很有帮助。"独立生活的礼物"这句话也让她非常开心。最重要的是,母亲又把自己不多的积蓄用在了自己身上,这严重加剧了香里女士的罪恶感。所以,她由衷地说——

"妈妈,谢谢你。"

偷袭

母女二人分工合作,总算收拾好了屋子。接着,母亲一脸坦然地拿出了貌似装着食物的袋子和水瓶,放到餐桌上。香里女士听见动静回过神来,看了一眼手表。

"妈妈,天都这么黑了,你再不回去……"

"没关系,我还能行。"

"那是饭团吧?要不我们一人一半?"香里女士忍不住用开心的语气说道。窗外,天已经很黑了,她突然觉得这有点像小时候跟母亲一起去野餐。

母亲打开超市的包装纸,露出了六个蔬菜饭团。

"诶,怎么这么多……这是我跟妈妈两人份的吗?"

母亲没有回答香里女士的问题,而是看着手表,心不在焉地收拾起了纸箱。不一会儿,门铃响了。母亲兴冲冲地去开门。

快递员抱着一个硕大的包裹站在门口,一看便知里面是床上用品。

"辛苦了。"

母亲高高兴兴地接过来，一边小声嘀咕着"哎呀好重"一边拆包裹。里面果然是枕头和一套床单被套。接着，母亲开始把那些东西使劲塞到并不大的收纳柜里。香里女士目瞪口呆，忍不住对母亲大喊——

"妈，你这……我不是说了有空就会回家看你吗，你为什么要在这里过夜？"

今天在门口看见母亲时，她就有不好的预感，但她一直在自我安慰，那一定是错觉。母亲在帮助她开始独立生活，她应该感谢母亲才对。她甚至愧疚于自己抛下了母亲，还沉浸在幼年的回忆和母女连心的幸福感中。然而，母亲此时却在兴高采烈地收拾自己过夜用的东西，看着眼前的一切，她突然觉得这都是诅咒。我真是太看不透了。原来这个人早在允许女儿独自生活的那一刻起，就开始制订计划，这一切都是为了达到现在的目的。我真是太天真了。

她只说了家电和厨房用品的预约配送时间，绝口不提自己买了床上用品，想必早就料到女儿会有这样的反应。之所以买两人份的晚饭，也是为了等床上用品送来，收好之后再动身回家。面对这种近乎偷袭的行为，香里女士气得手都在抖。

母亲瞥见愤怒的香里女士,怡然自得地开口道:"话不能这么说。万一你发烧或是受伤了,还不是得妈妈赶过来照顾?你一个人在外面,妈妈怎么能放心呢?香里你啊,什么都不用操心,只管好好学习就行了。"

手机上的"定时来电"

在研修所实习的日子很辛苦,每天都有很多东西要学,但香里女士感到格外充实。最让人高兴的是,回到公寓后,她就拥有了属于自己的空间。她很惊讶,没想到不用每天看见母亲那张脸,竟是如此的自由。最初那段时间,每次看见母亲塞进柜子里的备用床品,她都会气不打一处来。但是随着时间的流逝,她渐渐没有那种感觉了。母亲好像也意识到自己越界了,最近都没有打电话来。不知不觉,她把母亲抛在脑后的时间变多了。

然而,母亲跟准确感应到了香里女士的变化似的,突然开始定时来电。每天中午十二点半,她的手机铃声都会准时响起,因为那是她在食堂吃饭的时间。次数多了,同期的研修生都开始调侃她:"难得见到这么恋母的姑娘啊。"晚上只要到了十点,母亲的电话就会打来。因为时间实在太精确了,香里女士甚至能想象到母亲看着家里的时钟,焦急地数着时间,还有五分钟、三分钟、一分钟……

就这样，中午十二点半和晚上十点的电话，渐渐成了香里女士沉重的负担。

有很多次，她都想让母亲别再这样打电话了。但是一想到后面有可能发生的事，她就不敢开口。如果她不接电话，母亲肯定会立刻找上门来，然后说："我害怕香里出事，很担心你……所以我才来的呀。"

她甚至能想象到母亲气喘吁吁地说出这句话时的表情。所以，她决定忍受一天两次的定时来电，好让母亲安安分分地待在家里。

结识黑木

同期的研修生中男性较多，有的人还有不少社会阅历。那些先在社会上工作过几年再通过司法考试的人，看起来都格外成熟。

一天，香里女士正在食堂吃饭，坐在旁边的男性跟她搭话道："过几天我们准备约同期的学员出去聚餐，你要去吗？"

那个人的语调极其轻缓，甚至与他们所在的地方有些格格不入。面对这个头一次对话的人，香里女士竟然一点都没紧张。

"谢谢你。我也可以参加吗？"

"嗯，我们打算搞一场十人左右的聚餐，热闹一点。"

这就是香里女士与黑木的初遇。

她上大学时也被男生追求过几次，但是她从没答应过。因为她要么觉得对方看起来特别幼稚，要么觉得没有异性会对她这种缺乏自信的人产生好感。如果注定要让对方失望，还不如在人家表白时就干脆拒绝，尽量减少彼此受到的伤害。何况，如果她有了男朋友，母亲一定会看出端倪。

奇怪的是，遇见黑木的时候她并没有产生这样的想法。初见时对方表现出的温和有礼甚至让她感觉这人有点呆，好像就算自己再怎么缺乏自信，也不重要了。也许她本能地感觉到，这个人所在的世界与那些都毫不相干。

第一次交谈让香里女士感到十分自在，聚会的时候，她对黑木的印象还是很好。聚会结束后，黑木送她回了公寓，之后二人就开始了私下交往。他们从结识到确定亲密关系的时间很短，但是在香里女士心里，这样的发展极其自然。

与此同时，她也把母亲的电话号码拉黑，并将公寓的座机调成了留言模式。

每天的课程结束后，香里女士都会去自习室跟黑木一起学习，然后一起吃晚饭，十点半以后才回家。

遇到黑木后，她就不再因为惧怕母亲找上门来而被迫接受对方的定时来电了。她得以毫无负担地中断了这种行为。黑木的存在对她来说意义太重要了。只要跟黑木在一起，香里女士就感觉自己的周围竖起了一道看不见的安全屏障，母亲从远方发送来的妖气，全都被那块屏障挡了回去。但是同时，香里女士也很害怕自己这个大胆的行为。准确来说，她害怕母亲的报复。

一天晚上，香里女士回到家，发现电话机在黑暗中闪烁着提示留言的光点。她觉得心脏都要骤停了，深呼吸了好一会儿，才缓缓打开母亲长长的留言。"香里，怎么了？你没事吧？……"听着那滔滔不绝的留言，香里女士感到自己被逼到了绝境，恐惧得无法动弹。因为，她心中的一个猜测几乎变成了肯定。

也许，母亲已经察觉到她在跟黑木交往了。那个人时刻保持着野生动物般的直觉，八成是猜到了黑木的存在。如果真的是这样，母亲一定会试图把他们分开。为了达到目的，那个人一定会不择手段。难道只要那个人活着，我就得不到幸福吗？

她努力说服自己这只是个没头没脑的猜测，但还是一直坐在黑暗中，连灯都忘了打开，死死握着听筒，泪水止不住地流淌。

无法告诉任何人的话

母亲答应她结婚的过程比她原本想象的要简单,然而对于那个人善解人意的态度,香里女士还是感觉到有些诡异。后来证实,她的直觉没有错。没过多久,香里女士就发现母亲露出了真面目。因为她一直虎视眈眈,想方设法要介入小夫妻的生活。

夫妻俩搬进新家后,母亲吞吞吐吐地提出,想为他们的生活提供一点帮助。黑木听了很是感动,甚至惶恐地接受了母亲的好意。看着黑木欣喜的表情,香里女士也不好多说什么,只好答应下来。

她几乎没跟黑木提起过母亲的事情。她害怕黑木理解不了,而且她自己也把母亲当成了见不得人的家丑。从懂事起,香里女士就很羡慕那些能跟朋友大声谈论母亲的人。如果她的心是一个容器,那么母亲肯定被藏在最隐秘的角落。谈论母亲时,她不得不把手伸进容器,费尽力气把那个人扒拉出来。她既没有勇气也没有心力挑战这么大的动作，所以每次都是紧张地吞咽口水，含糊其词地蒙混过去。

对黑木也一样。不是她不想说，而是她一直不知道该怎么开口，每次去 M 市拜访完黑木的父母，她就会更加难以启齿。黑木的父母情绪都很稳定，虽然不算健谈，但二老退休在家的生活很是闲适，没事就侍弄后院的菜园子。第一次登门拜访，看见两位长辈相谈甚欢，香里女士十分惊讶。黑木家吃饭的氛围也很轻松，她会不知不觉间也笑着加入他们的对话。等她回过神来，总算意识到自己娘家餐桌上的氛围有什么问题了。父亲大声呵斥母亲，母亲满怀杀意地盯着父亲，而她则紧张地坐在旁边吃饭。原来这样是有问题的。在那之前，香里女士一直以为所有家庭都跟自己家一样。

要了解自我世界的色彩，首先需要知晓其他色彩的存在。随着香里女士慢慢融入黑木一家，她才发现自己在娘家生活时，精神是何等的紧绷。黑木的母亲微胖又爱笑，她一见面就称香里女士为"香里"，还高兴地对她说："我没有女儿，现在你嫁过来，我就把你当女儿疼。"而且，她丝毫没有试图介入小两口的生活，只在道别时强调了一句:"要是觉得受了委屈,随时告诉我们。"这种被人远远守望的感觉,很像她对黑木的第一印象。

香里女士经常要黑木带她去公婆家。这让黑木很是困惑,眨巴着眼睛说:"一般不是反过来吗?"不过看他的脸色,还是挺高兴的。香里女士感到自己头一次有了回归的港湾,同时也越发察觉到了母亲的强势。

母亲的代行家政工作可谓雷打不动。从打扫到采购,所有事情都做得完美无缺,这的确给香里女士减轻了很多负担,可是,香里女士每次下班走进干净整齐的家里,总能发现母亲留下的痕迹。对她来说,那些痕迹就像钢针一样,深深地刺入了她的心脏。

她说了好几次卧室不需要打扫,但是有一天回家,她还是发现他们的床单被熨过了,整张床铺得跟酒店一样。有一次她打开餐具柜,冷不丁看见一个没见过的马克杯。香里女士很快就反应过来,那是母亲留下的杯子。紧接着,她眼前就浮现出了母亲打理完家务后,坐在起居室的椅子上休息,还捧着马克杯慢悠悠喝茶的画面。一尘不染的屋子里,独独飘荡着母亲浓厚的气息,让人忍不住怀疑她是不是还躲在哪个角落。很明显,母亲企图在不知不觉中一点一点侵入她与黑木的二人生活。

可是,知道了又能怎么样呢?就算她拒绝,母亲也只会三言两语搪塞过去。"哎呀,别跟妈妈客气嘛。只要是为了香里,妈妈什么都愿意做……"这边举起锋利的刀刃,那边就会射出魔法激光将其斩断,香里女士凝视着母亲的马克杯,又一次沉陷在熟悉的无力感中。

讨厌的事情就不做了吧

进入十二月,香里女士的心情逐渐沉重起来。光是想想过年的安排,她就觉得头痛。黑木察觉到了妻子的异常,便在某日开口问道:"我看你最近没什么食欲,瘦了好多。是不是有什么不方便告诉我的事?"

如果可以,她真的不想对黑木提起母亲。但是在黑木提问之后,她又产生了坦白一切的冲动。她从未对任何人说起过这个烦恼,也一直认为不会有人理解。可是对这个人,她应该说的。想到这里,香里女士终于下定决心开了口。

她过年不想回家,因为母亲会要求她按照自己的安排行动。还有到公寓来打扫这件事,她其实也想拒绝。母亲是想全方位地把控他们的生活,所以才会主动过来打扫的。还有……

说着说着,香里女士开始后悔了。为什么她会因为这些无聊的琐事痛苦不堪?在黑木看来,这些恐怕只是她在闹小脾气,只因为她不够成熟,一直仰仗着母亲生活,想做出一点微不足道的抵抗。她究竟在跟谁赌气呢？太愚蠢了。简直无聊得令人发笑……全都是些笑一笑就能过去的鸡毛蒜皮而已……

她突然笑了起来，笑得全身发抖，坐都坐不住。黑木吓了一跳，担心地看着她。她还是笑个不停。

"你为什么笑呢？这一点都不好笑。"黑木突然说。

香里女士猛地回过神来，她急促地喘息了一会儿，接着低下了头。这个人竟然认真听了她说的废话，还不觉得好笑。可是她除了笑还能怎么做呢？她没办法生气，没办法大吼大叫，就算不好笑，她也只能笑了。无尽的羞耻感涌上心头。她觉得自己实在太没出息，眼泪涌了出来，仿佛决堤的洪水，笑声也变成了呜咽。

大约过了十分钟，香里女士终于止住了哭声。这时，黑木对她说："我其实不是那么迟钝的人。虽然不能说百分之百理解你的心情，但我还是要说，讨厌的事情就不做了吧。勉强自己不好。"

十二月三十一日晚上，香里女士跑出家门，黑木一言不发地跟了上去。回到他们居住的公寓后，香里女士倒头就睡，一直睡到了元旦。待她终于醒来，对黑木说的第一句话，就是坚定的宣言。

"从今天起，我不会再见母亲了。"

很久以后再提起这件事，黑木依旧记得当时香里女士的表情，那是何等的悲怆。

正因为知道前路坎坷，她才需要那般宣示。最重要的是，她需要让黑木听到自己的决心。在她快要坚持不住的时候，在母亲千方百计想要见到她的时候，只要有黑木这个不变的定点，她就能坚持下去。香里女士注视着黑木，目光如诉：请你保护我，请你在我与母亲断绝关系，变得身心俱疲时支撑我……

长期不顺

又过了很长时间。香里女士做了两年律师之后辞职了，现在是待业的状态。因为脱离母亲是一项远超想象的大工程。她要颠覆二十多年的过往，削肉剔骨，彻夜难眠。她的身体也每况愈下，经常一整天窝在床上，连门都出不了。她也曾下定决心去看精神科医生，开了一些助眠药和抗抑郁药。本来她还想去接受心理咨询，无奈身体实在不好，只能放弃。

最让香里女士痛苦的，就是来自母亲的书信攻势。那个人每个月至少会寄一封信过来。最开始，香里女士还会给她回信，并在信中直抒己见，甚至破口大骂。然而母亲在吸收了香里女士的怒火之后，会在下一封信里越发坚持己见。几个往返过后，她变得不敢再拆信，却又无法狠心把它扔掉。信越积越多，她的心情也越来越沉重。到后来，她甚至不敢再从公寓的信箱前经过了。

虽然黑木什么都没说，但是香里女士猜测，母亲肯定联系过他的事务所。因为她在自己工作的地方也收到过母亲的信。那个人真的会干出这种事来。这让香里女士更加痛苦了。她觉得自己很对不起黑木，因为跟她结婚，平白多了这么多麻烦。黑木对她越好，处在抑郁状态的香里女士就越是自责。

一个梦

某天早上醒来,香里女士发现自己流泪了。她知道那只是个梦,但是梦中的情景却无比深刻地刻在脑海里。

梦里,香里站在一片纯白的世界中。仔细一看,那原来是个正方形的房间。

房间的地板、天花板还有四面墙壁,都白得发光。

"这里好亮啊。"

她喃喃着,目光移向方形房间的中央。那里有一张窄窄的床。床脚是白色的,上面铺着白色的床单,一个身着白衣的人躺在上面。

那人闭着眼睛,一动不动,身上的皮肤就像人偶一样光滑。白衣的袖子宽大,几乎触及地面,袖口露出的手轻轻交叠在胸口。

香里像是被吸引一般,走过去打量那个人的脸。是她的母亲。看着母亲平和的面容,香里无声地举起了右手。

忽然，她手中多了一把闪着白光的剑。

她持剑对准母亲的心脏，向下一刺。

剑身像是被什么东西牵引着，洞穿了母亲的身体。清晰的手感传来，香里松开了剑。没有鲜红的血，没有任何声响，一切都像是静止了。

白色的剑刺在胸口，面色无比苍白的母亲连同那张床一起飘浮起来。房间的地板和墙壁光芒更胜，刺得她睁不开眼睛。那张床带着母亲缓缓升起。天花板自动打开，外面是无垠的夜空。香里站在一片静寂中，注视着母亲升上杳远的天空。

怎么会做这样的梦？香里女士躺在床上，苦苦思索，右手还残留着梦里持剑刺穿母亲心脏的感觉。可是在那个瞬间，母亲的脸异常安详。即使长剑刺穿了洁白光滑的皮肤，母亲始终没有动弹。

那是她所见过的母亲最美丽的模样。她觉得，那应该是自己从未目睹过的少女时代的母亲。

白色房间的光。胸口被剑刺穿又升上高空的母亲。梦里的一切都美得夺目。残留在脑中的神圣光景让香里女士一阵悸动,眼泪又涌了出来。

奇怪的是,她很平静。如果见到现实中的母亲,她的心绪可能会再次被扰乱。不过,她永远不会忘记这一刻的悸动和感慨。在梦里她注视着母亲升上高空,心情如此宁静祥和。她忘不掉那种感觉。就算只是一个梦,她也会永远记得,在这一天,她送走了母亲。

从那天起,香里女士渐渐活跃起来,有了出门的动力。

我想守护妻子——守墓女儿丈夫的视角

让香里女士重新审视自己与母亲关系的关键人物就是黑木。接下来，就从黑木的视角来讲述香里女士与雅子女士的关系。

香里的震惊

二人初识时,香里就是个不怎么表露情绪的人。乍一看,她给人的印象很冷淡,总是面无表情,但就是这样的冷淡和她偶尔表现出的少女含羞的一面,深深吸引了黑木。他们很快就有了更亲密的关系,但香里总是反复问他:"我这样子,你也不介意吗?"

香里的一举一动总能让他感觉到"你不可能理解我内心深处的想法",黑木每次都耐心地予以否定。他此前并非没有与女性交往的经验,但是在选择香里作为终身伴侣时,他丝毫没有犹豫。黑木想让香里熟悉自己的家人,便循序渐进地带着她认识了弟弟,又见了父母。他的母亲只做过兼职,是个性子温吞又话痨的人,黑木不禁有点担心平时只知道认真学习的香里会跟她合不来。但是那天在见完父母回去的路上,香里表现出了罕见的兴奋。

"今天是个很特别的日子吗?你家平时不是这样的吧?"

黑木笑着告诉她，家里人确实想把今天当成特殊的日子，但是没成功，还希望她不要与不谙世事的母亲一般见识。香里非常惊讶，紧接着追问道："你们平时吃饭都是有说有笑的吗？"

　　在香里看来，黑木的家庭似乎充满了陌生的惊喜。他家不算太富裕，日子只能说是平淡，但父母亲的关系还算不错。他本来对自己这个过于平凡的家庭有些自卑，但是看香里的表现，她似乎特别羡慕他。那天之后，香里跟黑木母亲相处的时间，甚至多过了跟黑木相处的时间。甚至后来辞掉工作在家休养时，香里也去黑木的父母家住了一个月。他至今都忘不了，香里当时露出一抹虚弱的笑容，有气无力地对他说："这里也许算是我的避难所了。"

埋伏

十二月三十一日晚上，香里哭着回了家，后来正式向他宣布以后不会再见母亲了。老实说，黑木起初并不是特别理解她。雅子女士明明是个勤快又善解人意的人，香里为什么会如此抗拒她？

不过，看着香里眼中的憔悴，他还是决定不管怎么样，自己都要守好妻子。当时的他完全想象不到香里的宣言会掀起怎样的轩然大波。

为了接近香里，雅子女士想尽了一切办法。黑木和香里在不同的律所上班，每天都特别忙，所以他很难了解到同样忙碌的香里都在面对着什么。而香里似乎不想让他担心，也没对他说太多。

发现手机和电话被拒接后，雅子女士不知从哪里打听到了香里的工作地点，开始在附近徘徊。她还不止一次把信直接投进了律所的信箱。律师事务所向来都把未盖邮戳的信函视作危险物品，不知香里得知寄信人竟是自己的母亲时，内心做何感想。

香里也给母亲写过几次信，要求她停止那些行为。从动念头到提笔，再到把信写完，香里每次都要耗费全身的力气。好在她的信起了一些作用，雅子女士没有再出现在香里的律所附近。

但是香里又开始担心，母亲会不会把战场转移到她家附近。不忍心看妻子整日提心吊胆的黑木咬咬牙决定搬家。精神的重担加上搬家的劳累双重夹击之下，香里反而开始渐渐消沉下去。她开始失眠，胃口也越来越差。两年后，香里决定辞去律所的工作。当时黑木还没有意识到问题的严重性，只想着让香里休息一年，应该就能好起来。

一天，黑木乘电梯下楼，准备外出用午餐，没想到迎头撞上了香里的母亲。她应该已经在那里埋伏多时了。

与上一次过年时见面相比，雅子女士的眼神变得很不一样。黑木察觉到了一丝癫狂，忍不住后退了一步。

香里的母亲深深地鞠了一躬，然后直起身，一脸的决绝："好久不见了，能占用你一点时间吗？"

黑木当即决定延长午休，跟香里的母亲去了律所附近的餐厅。那次谈话的内容概括起来大致如下：

"你们母子三个肯定天天都在跟香里说我坏话。我女儿结婚前还是个那么乖的孩子，现在变成这样，全是你们害的。你们这样和绑架我女儿有什么区别？

"我把香里养这么大，为什么要遭这些罪？香里肯定是出问题了。她应该得了抑郁症吧？你让她来见我，我要带她去看医生。

"她不是那种叛逆的孩子，怎么会不想见自己的亲生母亲呢。肯定是你在背后操纵她。最了解香里的人是我。只要见了面，那孩子一定会变回以前那个乖巧的模样。你竟然用奸计阻止我跟女儿见面，身为律师你难道不觉得羞愧吗？"

黑木平时是个性子温厚的人，听完这番话还是忍不住怒火上涌。他本想反驳，但是看着香里的母亲碰都不碰面前的午餐，只顾一味地喋喋不休，他的怒火竟不受控制地萎蔫了。

反正无论他说什么，这个人都不会听的。她不会停止控诉，也不会改变想法。这让黑木感到很无力。他之前从未这么束手无策过。同时他也觉得，自己似乎触碰到了香里从小到大生活的一角。

黑木任由雅子女士继续控诉,飞快地吃起了午餐。因为就算身为律师,要直面雅子女士这样的人,也实在很困难。这样大约僵持了四十五分钟,黑木开了口。

"您说的我都听到了。对于其中的很大部分,我都难以苟同。请您知悉。另外,今天您来找我这件事,我会对香里保密。"

他冷静地说完,一口气喝完杯里的水,然后拿起小票,准备离席。

也许是因为连续说了快一个小时,香里的母亲目光有点呆滞,面色也有些疲惫,刚见面时那种诡异的情绪也没有了。但是,她在察觉到黑木要离开时,还是飞快地抓住了他的外套,痛苦地低吼道:"我说了这么多,你还不让我见香里吗!你不是人!"

黑木甩开她的手,走出了餐厅。

没拆封的信

他没把这些事告诉香里。敏锐的香里也许察觉到了什么,但他还是决定,绝不在她面前提起她的母亲。

后来,黑木的父母家也收到了四封信。母亲读了第一封信后,慌张地联系了黑木,他干脆亲自回家一趟,向父母解释事情的原委。起初他们都无法理解,但在见识到后面越来越猛烈的书信攻势后,终于意识到了事情的严重性。

信的内容也在不断升级。先是质问他们对香里说了什么,然后指责他们不该像邪教一样给她女儿洗脑,让她抛弃母亲,还说他们绑架了女儿,再不让她和女儿相见就把他们一家告上法庭……

黑木让父母对香里保密此事,父母也问他要不要联系香里的父亲,请他管管雅子女士。然而,根据他的律师经验,如果香里的父母能够彼此沟通,她母亲就不会把自己逼到那种近乎妄想的境地。而且结合她父亲嗜酒的习性,黑木还怀疑他对雅子女士存在施暴行为。无须详细解释,黑木的父母就接受了儿子的结论，他们一致决定不做任何回应，静待风暴平息。

"香里真的太苦了。"母亲含着泪对黑木说。听到母亲的这番话，再想到香里的亲生母亲始终不理解香里究竟在害怕什么，还在一味地戳孩子的伤口，黑木不禁感到有些悲哀。

雅子女士的攻击对象从黑木转移到黑木的父母，未果，最后改变战略，把不知疲倦的书信攻势转向了香里。

他们搬家时并没有告知雅子女士，但对方还是想方设法找到了他们的住址。后来再看见信封上那些熟悉的笔迹时，香里恐慌症发作，过了很长时间才把呼吸慢慢平复过来。谁也不知道雅子女士具体是怎么找到新住址的。她可能去区政府申请开示了香里的户籍信息，也可能跟踪了黑木。

考虑到雅子女士可能会趁他不在的时候找上门来，黑木每天上班前都会对香里千叮万嘱，要她务必锁好门窗。若是对方企图动用暴力，他会不惜一切手段证明那个人的不正当性。

他还运用自己掌握的法律知识，不停地寻找能够让雅子女士再也无法接近香里的判例。

后来，对方似乎察觉到了黑木的决心，来信的频率减少到了每月一次。打开家里的信箱成了黑木的专属工作。他会仔细剔除掉雅子女士的来信，因为顾及不想把信留在家中的香里，又担心直接扔掉不好，干脆把那些信装进公文包，带到律所，放进办公桌最底层的抽屉。当然，那些信全都没有拆封。

眺望初雪

也许是休假和常去黑木的父母家小住起到了一定作用，香里的状态开始慢慢好转。她自己找了附近的心理医生咨询，开了助眠药和抗抑郁药，脸色也在一点点变好。

黑木始终在思考，自己能为香里做些什么。不在她面前提起她的母亲，不让她看见那些信，时刻准备着采取法律措施。不过，她的母亲也许永远都不会改变，最后，香里可能一直没办法得到解脱。想到这些，他非常痛恨自己的无能为力。

一月的某个星期日早晨，香里难得神清气爽地起床了。此时，距离那年的十二月三十一日，已经过去了整整四年。

公寓的阳台上堆着好几盆干枯的植物，它们仿佛香里内心痛苦的外化，印证着她连侍弄花草的心力都不复存在。

干枯的花草上，落下了白色的雪片。

"啊，下雪了！"

香里大声喊道。雪花从灰沉沉的天空纷纷扬扬地落下。

"是初雪！"二人异口同声地说。

短暂的沉默过后，香里看着飘落的雪花，开口道："真的谢谢你。"

黑木顿了顿，喃喃道："我能做的只有这些了。"

"别这么说。如果没跟你结婚，我现在可能已经不在人世了。"

香里坚定地说。

"我可能已经病入膏肓，甚至可能已经杀了妈妈……"

"……"

"今天早上，我做了个特别好的梦。但是内容不能告诉你。我觉得，再过一段时间，我就能彻底摆脱妈妈了。有你在身边我很安心。何况，我还有避难所呢。"

黑木看着香里的侧脸，看着那久违的笑容，未来，似乎有了一丝光亮。

咨询师的视角

前面讲了一个长长的故事，涉及了母亲与女儿以及女儿的丈夫。虽然这是一个半虚构的故事，但雅子女士身上汇集了太多与女儿、儿子断绝关系的母亲的形象。那么，雅子女士前来咨询过后，发生了什么变化吗？在故事的结尾，终于轮到我这个咨询师登场了。

痛心疾首的信

信她不知写了多少封。不仅写给香里,还写给黑木和黑木的父母。但是黑木和他父母都没有回。抛开信的内容不谈,香里至少知道回复她。那一家三口简直不是人。雅子女士愤怒极了,他们一家子都不是什么好东西。

她把香里写来的信保存得极好,不知反复看了多少遍,都快背下来了。她通过书信的内容反复琢磨女儿为什么会做那种蠢事,黑木一家又是怎么欺骗女儿的。而且,她还琢磨好了如何反驳,甚至想好了今后的对策。

宗教、精神科医生,她不择手段,利用了一切可利用的资源。只可惜,没有一个人能理解乖巧女儿被结婚对象及其双亲夺走的母亲的悲剧。唯一的例外,就是那个宗教团体的高层。那位高层曾断言,她女儿总有一天会觉醒,而抛弃母亲这种毫无人性的行径定会遭到惩罚。只是参加宗教活动实在太费钱了,雅子女士不得不放弃。至于精神科医生,也如前文讲述那般,让她铩羽而归。

这番长长的摸索之后，雅子女士出现在了我的诊所。

在她的恳求下，我看了她带来的几封女儿的回信。香里女士的文字条理清晰，但是透过那些拼尽全力的抗议，我也读出了文字背后隐藏的悲痛。你不要再接近我了。我想过上幸福的人生，请你放我自由。我好不容易才能自己决定自己的人生……如果没有孤注一掷的决心，没有在每句话每个字中倾尽所有感情，绝对写不出那样的文字。而且，香里女士在拒绝雅子女士的同时，还不忘在信的结尾表达对母亲的顾念和害怕她受伤的心情。写这么一封信肯定需要耗费难以想象的精力，写完之后也会被巨大的罪恶感和疲惫感所压倒。这一切都让我十分感动。我甚至有种错觉，那个从未谋面的香里女士，此刻就安静地站在眼前这个令人窒息的雅子女士身后。

完美的反驳

我重新振作起来，开始向雅子女士提问。老实说，我真的不想再听她像对暗号一样重复"我不是个好母亲""是我养育孩子的方式出了问题"了，怎么都得问问她具体准备怎么反省。

"你觉得你在哪些方面不是个好母亲呢？"

雅子女士毫不犹豫地回答："我身为母亲，却没有理解女儿的心情。"

"你觉得那是一种什么心情？现在，你认为自己理解了女儿的心情吗？"

"肯定没问题。这四年来，我也进行了痛苦的反思，已经知道香里在想些什么了。"

她好像坚定地认为自己能够看透女儿的所有想法。这种信心究竟从何而来？这位中年妇女在看过这么多椎心泣血的回信之后，为什么还能稳稳地保持那种自信？她是怎么做到的？虽然我已经有所预料，但还是对她的坚定产生了好奇。

"有没有什么办法,能让我把自己的心情有效地传达给香里?女儿对我误解太深了,我应该把真相告诉她。那孩子肯定得了抑郁症,所以感受事物的方式跟常人不一样。但是,有些话只有我这个做母亲的才能对她说。"

说到这里,雅子女士从她那个有点旧的名牌手提袋里郑重其事地拿出了一沓貌似书信的资料,递到我手上。

信的内容远超乎我的想象。那封信的每一句话都在反驳香里女士的观点,同时哭诉自己为了养育女儿吃了多少苦。香里女士在信中质问:"难道你对我成为律师这件事心怀嫉妒吗?"雅子女士对此展开了冗长且激烈的辩驳;至于香里女士那句"为了配合母亲的想法,我甚至放弃了穿衣打扮",雅子女士不屑地表示,她为这个不擅长坚持自我的女儿操碎了心,而且她何尝不是强忍着一切购物欲,把所有闲钱都投资在女儿身上。

就像研究生在研讨会上以批判的角度讨论文献,她的每一句话都详尽、滴水不漏,让我深深认识到雅子女士在与我谈话时并未完全展现出自己的思辨能力和表达能力。如果她再晚出生几年,等女性进入职场的机会变多,说不定能凭借这种能力斩获事业上的成功，做出不小的业绩。讽刺的是，香里女士所拥有的理性思考方式的来源之一，似乎正是雅子女士。

并非所有思想都能用语言完美传达。我一般都会尽量不对自己在咨询过程中产生的反射性思考进行过多解读。可是读完雅子女士那篇长长的驳论之后，我还是不由自主地想，香里女士的远离和她在信中的宣言，无疑给雅子女士造成了巨大的打击。

我并没有把这个想法告诉雅子女士，因为在我看来，她一定会死守自己的立场，不会动摇半分。她来找我做咨询的目的只有一个——尽管她一直在重复"是我不好"，但在这些话语背后，她其实很希望有人站在她这边，并且告诉她怎么才能把那些想法有效地传达给女儿。她需要一个咨询师帮她完成这些，而她选中了我。

其实很多来咨询的客户都抱有同样的目的。应该说，那才是最常见的动机。顾客对咨询服务的需求，以及为了满足需求而支付的咨询费用，组成了咨询师工作的基本逻辑。

但是，能不能支持客户，要不要支持客户，取决于我怎么选择。

雅子女士的需求很明确。

香里得了抑郁症，所以才会在信里对她大放厥词，提出扭曲的观点。那些观点完全不合常理，如果不加以矫正，她的整个人生都会受到影响。自从香里跟黑木结婚，一切都乱套了。一定是黑木和他父母对香里说了她的坏话，导致原本乖巧的香里被洗脑了。如果不尽快把香里从那个可怕的环境里救出来，一切就都来不及了。如果香里的抑郁症迟迟没有好转，还会影响到她的律师工作，所以雅子女士要想办法带她回家。只有这样，香里才能变回以前那个乖巧的女儿。她会无条件支持香里的工作，为了女儿，再辛苦她都毫无怨言。她已经做好了心理准备，要像以前一样为香里付出一切。

这个信念从雅子女士踏进咨询室的那一刻起，就从来没有动摇过。我把她的需求复述了一遍，雅子女士在发出感叹的同时，露出了满意的笑容。

"不愧是医生啊。"

向"正常"看齐才是正道

"后来香里女士没再给你回过信,这说明你后面寄去的信她很可能拆都没拆。所以,你首先要面对的问题就是,如何让香里女士愿意拆开你的信。而要想让她打开你的信,关键在于具体检讨一下你究竟错在哪里,已经做了什么样的反省,今后准备怎么改正。我看你给我的这封回信的草稿里完全没有体现我说的这些内容,非但如此,你还通篇都在为自己辩解,坚持自己做得没错。其实你一直在给自己找借口。书信是一种神奇的媒介,就算不拆封,收到信的人也能隐约感知到里面讲了什么。而我可以肯定,你这封信的内容,一定无法让香里女士拿起信封。"

我毫不犹豫地向雅子女士表达了自己的观点,直截了当地指出她的信本质上就是在自我辩解和自我开脱,甚至直白地列出了几点要求,并告诉她只有那么做,女儿才有可能会读信,雅子女士脸上闪过了短暂的退缩。但她很快就重整旗鼓,直勾勾地盯着我。

"可是医生，我做得真的有那么过分吗？老实说，我只不过做了别的母亲也会做的事。那不都是很正常的吗？可是香里竟然这样说我，肯定是她的想法太扭曲了。"

雅子女士说着说着就话锋一转，变成了哀怨的控诉。

我忍不住暗自叫好。可以说，刚才那番直言不讳，就是为了逼她亲口说出这些话。雅子女士坦诚极了。她只是跟大家一样做了很"正常"的事，到底有什么问题呢？别人家的母亲不都这么做的吗？不可能只有她是错的。所以香里应该听她的才对。

这其实是一种传统社会所谓的"金科玉律"。只要套用了这种观点，香里女士在信中的种种表达，就会转瞬之间被卸去力量。如今弥漫在整个日本的所谓"正常的母亲"形象，便是这个"金科玉律"的根基。

究竟是要遵从无法形诸文字却真实存在的金科玉律，还是将心比心地去理解香里这个女儿的痛苦，不同的立场会导向完全相反的选择。雅子女士和香里女士之间存在的便是如此深不见底的鸿沟。然而，只有香里女士能看见那条鸿沟，雅子女士是决计看不见的。

一个建议

"我没有能力说动香里女士,而且你也清楚,世上并不存在一步到位的好办法。如果您非要问出一个办法,那我只能重复一遍,在信里具体写下你错在哪里,进行了什么样的反省。最重要的是,你必须道歉。"

最后那句话让雅子女士脸色骤变。

"道歉?谁道歉?难道还要我道歉吗?"

那个瞬间,她可能意识到我这个咨询师已经无法帮到她了。虽然没大声喊叫,但雅子女士还是低着头,闷声说道:"我考虑考虑。"

我猜测这可能是她最后一次咨询,便抓紧时间补充道:"也许你做不到真心向香里女士道歉,因为毕竟是你辛辛苦苦把她养大的,但是我认为,香里女士和你是两个独立的个体,她确实是从你肚子里出来的,但女儿的成长意味着她也会拥有一个你完全无法想象的世界。我猜,香里女士就是希望你认识到这一点。有时候,人即使没有恶意,也会伤害到身边的人。而在伤害发生之后，可以通过道歉修复彼此的关系。你也许并不认同我说的话，但我还是建议，你可以试着写一封道歉信。"

雅子女士始终没有抬头，而是用手帕擦拭着提包，默不作声。此时，一个小时的咨询时间也走向了尾声。

雅子女士看了一眼手表，微笑着说："谢谢你，医生。这段时间辛苦你听我说了这么多。请容我好好考虑一下。"

第二部分 梳理杂乱的线条

"好母亲"是如何诞生的

现在日本很流行"无缘社会"[1]这个说法，但本书中登场的这对母女，情况却完全相反。目前媒体的主流观点是，当前日本的地区、家庭和社会的羁绊逐渐减弱，孤独死和虐待事件频频发生。而我亲眼所见的则是这些大现象之下的小现象，也就是"羁绊的束缚化"。表象之下必然潜藏着与之呼应的现实。也就是说，随着无缘化社会的发展，其背后的"缘"也会随之浓缩，直到濒临坏死。

---

[1]无缘社会，出自日本NHK的纪录片《无缘社会：无缘死的冲击》，指日本人无社缘（没朋友）、无血缘（和家人关系疏离甚至断亲）、无地缘（与家乡隔离断绝）的处境。

寄生植物一般的母亲

冲绳那霸市的行道树多为细叶榕，这种树象征着羁绊。而冲绳某精神科医院的院长告诉我，它还有一层隐藏的含义，就是束缚。细叶榕的树身总是缠绕着无数的触手，分不清究竟是树枝、树干还是树根。那番景象有时会让人喘不过气来，甚至毛骨悚然。就像宫崎骏的动画电影《千与千寻》中登场的"汤婆婆"那般，仿佛随时都会动起来，将周围的人紧紧缠住。

关于植物，我还要再举一个例子。

我在轻井泽一家餐厅的停车场见过一棵寄生树。它体型巨大，必须抬头仰望才能把全貌尽收眼底。树的宿主又细又弱，寄生在高枝上的植物却枝繁叶茂。也许，那株寄生植物已经完全侵占了宿主。如果不仔细看，寄主和宿主就像一棵完整的树。

细叶榕与寄生株，二者都是植物，我却觉得它们精准地反映了本书中雅子女士的形象。肉食系、草食系①比较适合给年轻人分类，而给母亲进行分类，也许用植物更为恰当。

如前所述，本书的目标之一在于帮助守墓女儿全方位地理解她们的母亲。因为不掌握"敌人"的行动原理，就无法制定有效的对策。盲人摸象只会正中对方的下怀。

比如她们的出没地点和频率，对于每一种发言的回应方式，莫名激动情绪的根由，诸如此类。在应对这些问题之前，需要有一定的基础理解。就算只是纸上谈兵，也比毫无准备要好。赤手空拳地与之搏斗，只会对守墓女儿更为不利。

正面突破、侧面迂回、背后偷袭……推论的情景越多，积累的知识就越丰富。毕竟这一切并不存在标准答案。因为作为当事人的母亲本身对自己的加害性一无所知。母亲本应是拥有自由意志的独立个体，但她们始终察觉不到自

---

①肉食系、草食系：指不同的性格。具体也分男女，如肉食系女子多指经验丰富、主动热情的女强人，肉食系男子则多为豪爽大方、大男子主义的人；草食系女子单纯天真、羞涩被动，草食系男子友善温和、腼腆害羞。

己的所作所为对女儿来说究竟意味着什么。

因此，就算女儿把自己的控诉摆到母亲面前，肯定也只能得到一连串的疑惑和问号。不过，这又有什么不好呢？干脆说，这样反倒更好。因为这样才能证明女儿已经超越了母亲。

正如寄生树和细叶榕不会想要了解自己，母亲也不会关心自己在女儿眼中是什么形象。或许有的母亲会像雅子女士那样，孪了毛似的展开激烈反驳。

无论如何，女儿的剖析与母亲的自我认知都不可能完全一致。正因为不可能，女儿也不能有过多的期待。最重要的是让女儿明白母亲的心理，同时也让她了解到母亲之所以如此的理由。本章要讲述的，就是理解和解构所需的知识。

几种典型态度

以雅子女士为代表的母亲形象,有几个特征。

1. 自负与寻求认同

让我们再来分析一下雅子女士在最后一次咨询中给出的反应。

"我只是做了很正常的事情。""为什么只有我被说成了坏母亲?"每个被孩子断绝关系的母亲,都会发出这样的哀叹。这些哀叹没有半点虚假,全部发自真心。没有人会怀疑,雅子女士多年来所做的努力,就是为了成为一个好母亲。

那么,她究竟哪里出了问题?

对于最关键的女儿而言,她并不是一个好母亲。

在讨论好母亲时,必须先确定"对谁而言"。后文会讲到,所谓好母亲,实质是社会对孩子的间接评价。母亲不是单独的个体,唯有依托于孩子才能获得评价。雅子女士一心把香里女士培养成一个优秀的孩子,呕心沥血地扶持她成为一名律师。这都是为了成为世人眼中的好母亲。

唯有对孩子好,母亲才能得到肯定。像雅子女士那样,为了孩子而忍着不给自己买新衣服,为了让孩子上补习班提高成绩不惜投入自己打零工赚到的钱,这就是社会认定的好母亲应该做的。雅子女士也把这种观念视作理所当然,不允许表面出现龃龉。社会对她的评价与孩子对她的评价必须一致。

假如孩子说:"我本来不想做这件事,但是家长强迫我做。"然后做出反击,对家长施加暴力,那么错一定在孩子。也就是说,孩子不能评价家长。这就是隐藏在表面之下的另一个主题:社会的评价扼杀了孩子的视角。

许多母亲认为,自己生下孩子、养育孩子,已经是个很好的母亲了。就算她们不宣之于口,内心也有一种"我生了你,所以你才存在"的绝对自信。孩子一旦出了什么事,她们就会反复强调"是我没教育好""我没教好孩子,是个失败的坏母亲",以此装出一副反省的姿态。其实在内心深处,她们的自信丝毫不会动摇。所以在听到她们宣称"我不配做孩子的母亲"时,千万不要轻信。

同时,母亲们虽然充满自信,却总是很在意别人的评价。照理说,她们的深层自信应该不易被外部评价左右,事实却并非如此。

母亲这个角色只有孩子存在方能成立,恰如丈夫的角色只有妻子存在方能成立一样。成对的词语意味着必然存在成对的角色。也就是说,男性的存在建立在非女性的特质之上,它与"人类"这种能够独自成立的词语/概念有着本质的区别。

因此,母亲只能通过自己所生的孩子得到评价。打扮得花枝招展并不能成为好母亲,博览群书也不能证明自己是好母亲。孩子成了罪犯或"家里蹲",那就是"母亲没教育好",必须自责或受到世人的批判。

正因为这样,母亲在对孩子抱有"是我生了你"的绝对自信的同时,也需要一个高评价的孩子以得到"社会"这个外部的评价,证明自己是个好母亲。这不同于把孩子当成奴隶使唤,而是有更多的弯弯绕绕。这种自信背后存在着一种依存关系,那就是通过培养让别人羡慕的好孩子,来提高自己身为母亲的评价。

由此可见,母亲有着双重的性质。说她们是矛盾的,她们又缺少自觉,所以只能这样表述。她们对孩子有着根源性的自信，但与此同时，孩子也左右着世人对她们的评价，这便是母亲的矛盾。根源性的自信来自一个无可辩驳的事实即，是母亲十月怀胎生下的孩子；但母亲只能通过孩子才能得到外部的评价，因此也存在着依附性和不自信。这两种性质裹挟着身为母亲的女性。

如果只有前者，母亲自然能够处之泰然，如果只有后者，就会演变为母亲对孩子的依附和讨好。然而两者浑然一体，后者的不自信被前者所补充，就有可能产生母亲对孩子的占有意识。顺带一提，家暴中施暴的丈夫/男性也是同样的逻辑，他们的双重性质分别是经济优势带来的绝对自信，以及依附于妻子/女性的不自信。

母亲的自信是伴随着事实的重量与血脉相连的意义而产生的。无论到了多少岁，母亲都能通过对孩子讲述"当年是顺产""差点因为难产死掉"这些有关分娩的故事，让孩子不得不重新认识到自己的出生完全依赖于母亲。分娩的疼痛与随之而来的"母职"的重量相比，已经算是轻的了。

但是，女性在有所得的同时，也会有所失。成为母亲之后损失的不只是身体，还有包揽带孩子重任后失去的自由时间和分配给工作的时间。现在越来越多女性在生儿育女的同时也能坚持工作，但是与丈夫参与育儿和家务程度较高的国家相比，日本的数值仍旧非常低。也就是说，兼顾工作与育儿的女性负担极重，很可能会出现请求孩子外祖母帮助的局面。

在这个背景之下，对于某一类母亲来说，照顾孩子成了她们释放能量的唯一途径。虽然现在也出现了亲自参与照护的"新男性"，但是在日本，传统的男女分工依旧根深蒂固，支配着大部分人的思想。

在这里，请各位重新回顾一下"3·11"。地震带来的表面上的影响，被人们称作家庭的羁绊，同时，安全保障和保险的价值重新得到重视，家人是为彼此提供安全感、抵御外敌的存在（遇到问题时只有家人靠得住），成为共识。当然，家人的确是对抗国家权力和非法介入（比如盗窃）的一道防线。

更何况，这种安全保障和保险还是免费的。或者说，家人的最大特征就是无偿。然而，只要齐心协力就能给家人带来安宁和安心，只是一个美好的幻想，安宁和安心并不会从天而降。

身为母亲和妻子,女性本身就背负着照护的职责,并且在社会的传统观念中,这就是她们的价值所在。尽管她们同样受到日本宪法的保护,拥有与丈夫同等的权利,但是由于经济实力相对较弱,遭受着许多歧视和贬低,唯一能让她们发挥能量的,就只剩下"照护"。

"这都是为了你""都是为了孩子",这些金句已经成了她们的撒手锏。作为给予照护的一方,如果她们不能在家庭和职场中得到存在价值的认同,那就万事休矣。

2. 放弃选择与责任

如果试着收集母亲们的话,就能发现一些有趣的现象。这些话不分年龄,有时从二十多岁女性,甚至高中生的嘴里也能听到几句。

"那我不是没办法了嘛。""都这个年纪了,已经没用了。""年轻人就是不一样啊。""男人不都是那样嘛。""社会就是这样的。"

换个性别,其实男性也会说同样的话。"你成熟一点吧。""女人不都是这样嘛。"这些台词宛如日本的温泉,时不时就会出现在人们的日常对话中。

这些话有个共通之处，那就是通过极度的普遍化和削减选项来斩断犹豫。它们在强调"别无他法""别无他选"，像认命一样。我们不可避免地会面临结婚对象、工作和住处的选择。相比我们这些昭和二十年代出生的一代，我们的女儿一代可以做的选择可以说非常之多。现在都说就业困难，但是比起昭和四十年代，就业机会已经多得数不清了。面对这么多选择，恐怕会有很多女性感到迷茫。

三选一和二十选一，哪种选择更轻松？后者肯定会让人更迷茫。迷茫源自选项的多样性，其背后隐藏着对选择行为的畏惧。就算勉强做了选择，也会在同时产生"责任"。无论最终结果多痛苦，那都是自己的选择，只能接受。这就是所谓选择责任。而一旦说出"那我不是没办法了嘛"，就意味着选项从未存在。

比如一位六十多岁的客户曾经说过这样一句话："在我快三十岁的时候，父母开始催婚，我没能拒绝。因为一旦拒绝，我就没法在娘家待下去了。"可见她结婚并非自愿，只是身陷无法选择的状态使然。而她之所以说出这句话，是因为她想逃避自己的责任，不愿意承认跟那种男人结婚是自己眼光不好。

"没别的办法"是对别无他选状态的认可,而这种认可通常来自他人。唯有做选择的人充分接受自己的责任,他人才会给予这样的认可。比如下面这种情况:

"其实这还是怪我。""不,你也是没别的办法了。不怪你,你只是身不由己而已。"

然而,母亲们却会主动这么主张。她们不去反省是不是自己做得不好,而是说:"我没别的办法了。"多么完美的认命啊。这种对别无他选的强调如同一道铜墙铁壁,谁都无法攻破。

她们同样接受过战后民主主义的教育,至少可以认真思考自己的人生,并为此迷茫和痛苦。可是,她们的人生为什么变成了那种好似湿抹布,又好似细叶榕,让人看不见内核的样子呢?

这种转变恐怕和巨大的挫折与不幸有关。在人生的早期阶段,甚至有可能在青春期,她们就因某种巨大的、压倒性的东西被迫放弃了生命中很重要的东西。但是有舍就有得。在放弃的同时,她们也发现了一条出路:为之前压迫她们的东西所同化。只要走上那条路,她们就不用为迷茫、选择和责任而烦恼了。在她们看来,自己只剩下那条路可走，否则今后的人生就只剩荆棘满路、一败涂地。

3. 以"大家"为主语

大多数不愿为自己的人生选择负责任的女性，都会选择被"大家"同化的道路。她们被那个看不见摸不着，但是弥漫在空气中，在每一件大事小事上向我们施压的那个"大家"同化了。

一旦选择了这条路，她们就会变得无比轻松。只要以"大家"为主语发言，无论在哪里都能通用。只要说"大家都是这样想的"，就不需要自己动脑思考。只要藏在"体面"这道厚重的帘子后面，就不用担心受到指责和批判。非但如此，她们还可以隔着帘子朝别人扔石头，且不会算到自己头上。就这样，她们随波逐流地、半是无意识地追随世人脚步地活着。在日本，这叫"成熟"。多数派就是这样形成的，而且学校里也存在着同样的机制。多数霸凌都因这种机制而起，这里不作赘述。

可以认为，母亲们那种抓不住实体的虚无感，以及每次批判的箭矢都会像回旋镖一样扎到自己身上的不合理性，都是因为母亲与世人／社会的共谋。

4. 厌女

再来看看母亲被社会同化的背景。其中的转变契机之一,应该是厌女——女性的自我厌恶和男性对女性的厌恶。

女性在成长过程中性别意识会觉醒,会意识到自己是女人,而不是男人。一种说法认为,人的性别意识的觉醒比自我更早。世人对不同性别的人有不同的要求,同时这种要求也会有各种各样的局限。日本女足虽然已经夺得世界第一,若说她们在练习足球时完全意识不到自己与男性的区隔,那肯定是在说谎。

用稍微深奥一点的词汇来说,当女性觉醒了自己的"(权力)下位性"时,她们会诅咒自己的女性身份,甚至想要否定自己的女性身份。这时就产生了厌女的思想。单看国会议员和地方议员的男女比例,还有高官、大学教授的女性占比,就会明白"男女平等"的口号只是一纸空谈,完全没有落实。我们成长在一个对女性极为不友好的社会,这种情况还会持续很长一段时间。而且,即便时刻意识到这种性别的不合理性,我们还是会自我开解:"反正都不会改变了,再为这件事难过只会使人生更加灰暗。"于是,我们开始对厌女视而不见。这时,女性就产生了歧视女性的意识，她们在别的女性身上看到了自己想要否定的女性特征，就会加以否定。如上的厌女背景之下，我们会说，女性的敌人是女性。

很多母亲会明确对女儿表现出这种否定，比如说出"不要脸""狐媚子"这种话。雅子女士对香里女士的态度中也有着明显的厌女情绪。越是看不起女性的母亲，就越容易重男轻女，或者否定女儿的女性特征。

知道了这些话背后隐含的意思之后，要怎么做出改变呢？身为能够理解女性痛苦的同性，母亲应该站在女儿这边，支持女儿的人生，但这并不代表母亲可以打着支持的旗号介入女儿的人生。其实很简单，只要不去打扰女儿的幸福生活，并且坚定地一以贯之，就已是偌大的支持了。

5. 把孩子当成报复的工具

现在，让我们把目光重新投向母亲们化身细叶榕这件事上。上文提到，她们在人生的早期阶段，或者在青春期遭遇了重大挫折。若以雅子女士为例，转变的契机就是结婚。在工厂老实工作的丈夫每晚都要喝酒，而且对她施暴，这些都不可能是雅子女士想要的。她自己没有做出选择，在婚姻中被丈夫殴打，夫妻之间无话可说。对此，雅子女士以自己的方式进行了"深入"思考。

虽然她也动过离婚的念头，但是为了向九州的亲戚炫耀，她最终把目标定为继续与丈夫生活，把女儿培养成人人羡慕的优秀孩子。选择结婚之后，她陷入了意想不到的痛苦，但她没有舍弃那种生活重新开始，而是选择了忍受痛苦跟丈夫凑合下去，并且培养出一个优秀的孩子。

但是这个选择需要有丈夫和孩子。也就是说，这表面上是自我选择，实际却还暗含了另外一层意义，也就是香里女士作为孩子，注定要成为雅子女士做出选择后的工具和手段。对此，雅子女士没有丝毫担心或顾虑，因为她已经把香里女士当成了自己的一部分。

另外，雅子女士虽然已经做出了选择，但她没能放下对丈夫的厌恶和憎恨。日子每过去一天，她的怨恨积累得就会深一分，她的烦躁也会浓一分。雅子女士一直将这种情绪发泄在女儿身上，女儿听了母亲的抱怨，心中的罪恶感也日益深重。"我的母亲需要救赎，而我却无法施予，所以归根结底是我让她陷入了不幸。"香里女士渐渐被这种想法束缚了。这与被虐待儿童的心理极其相似。

所以准确来说，雅子女士并没有做出选择，而是想利用女儿对丈夫和亲戚展开报复。如果她做了选择，就会产生责任，那么她首先需要负责的对象，就是当时还年幼无力的女儿香里女士。如果雅子女士能对香里女士说："是妈妈选择了跟爸爸继续做夫妻，这是妈妈的决定，香里不必歉疚。"甚至只要表现出这样的态度，香里女士就能从母亲那里得到解放，无须自责。

6. 把女儿视作自己的一部分

上文已经提到，为社会所同化后的母亲的发言都会变成金科玉律。雅子女士和许多母亲都把它当成了尚方宝剑，将孩子自己的判断视若无物。

上文还提到，世俗认为的"好母亲"（雅子女士）标准与香里女士这个女儿眼中的"好母亲"标准之间存在偏差。准确来说，雅子女士压根没想过女儿有一套自己的评价和判断标准。

这与家暴夫妻的问题本质上是一样的。我也在家暴施暴者项目中做过并且仍在做协调员，那些被定义为施暴者的男性根本不认为自己是个糟糕的丈夫。他们觉得自己不出轨，收入还不错，已经是个很好的丈夫了。因为"大家"是这样认为的，所以他们也遵循了"大家"的看法。

等到妻子忍受不了折磨离开家，他们参加了家暴施暴者项目，被问到"你妻子当时是什么心情？""你对妻子又是怎么想的？"他们都会一脸愕然。

"我从来没考虑过妻子的感受。"他们如实回答道。

看到这里，各位可能会感慨世上竟有如此过分的丈夫。然而，这种现象并不少见。

在一般的人际关系中，一边推测对方的感受一边行动在情理之中。而"读懂气氛"也在这种行为逻辑的延长线上。

他们中的大多数人都清楚记得妻子对自己说的话，并表示因为那些话有点重，就压不住怒火动了手。但是，他们从未想过妻子当时的心情。

这种现象表明那些丈夫并不认同妻子是自己的评价者，她们不是定义并评价他们行为的主体。更简单地说，他们认为妻子不是外人。

母女之间也是一样。对雅子女士来说，香里女士不是外人。既然她自认为是个好母亲，那么女儿理应也这么认为。她觉得自己是个普通的母亲，是世俗认定的好母亲，所以她断定，香里女士也认为她是个好母亲。

恐怕没有人会在敲键盘的时候想："我的手现在是什么感受？"他们也不会想："我的手说它累了，要不还是让手休息一会儿吧。"因为手是人的一部分。正因如此，我们不必去在意手的感受，我们可以随心所欲地使用它们，并且认为自己最了解自己的手。这就是手的从属关系。妻子对于丈夫，女儿对于母亲，应该都像是自己身体的一部分。雅子女士喃喃道："我最了解香里了。"她说出这句话的前提就是，把香里女士当成了自己的一部分。

再举一个例子。

一位母亲前来咨询，说女儿与她断绝关系之后，二人已经五年没有见面了。她专门跑到女儿工作的城市去找她，对方却拒绝见面。一个星期后，她女儿寄来了一封信。

那位母亲顶着一脸难以接受的表情，请我看看女儿的信。我答应了。

那封信很短，里面有这样一句话：

> 妈妈，在你眼里，我是你的女儿。但这并不妨碍我与你是两个独立的人。希望你明白这一点。

读到这里,我仿佛理解了那个女儿的苦楚。同时我也察觉到,这就是让那位母亲最难以接受的地方。

很多时候,人能够看懂一句话,却无法接受话中的深意。接受与认知之间的落差表明了什么?也许表明,一旦母亲认同了女儿与自己是两个独立的个体,她们心中的某些信念就会彻底崩塌。

我列出上面六点,从各个方向对以雅子女士为代表的母亲群体进行了分析。也许这些分析能够回应守墓女儿内心对于母亲的疑问和呐喊,让她们明白母亲其实并不是恶魔。

在重点描写她们的言行时,我感到了一种深深的悲哀。重新审视雅子女士和守墓女儿的母亲们,那种悲哀依旧无法化解。我的悲哀并不是要原谅或骄纵她们,而是因为同为女性,我深深地理解她们的心理。

在接下来的处方部分,我希望能把这种悲哀转化为有用的力量。

守墓女儿不要放弃

对于众多守墓女儿来说，关键的课题应该是今后该如何处理与母亲的关系。

并不是所有人都能像香里女士那样得到丈夫的理解和保护，夫妻二人共同努力的。一些女儿在震灾之后被迫与母亲共处一室。还有一些女儿是家中独女，无论如何都摆脱不了为母亲养老的责任。

在上一本书中，我为了尽量减少守墓女儿的自责，提出了几个观点："不要替母亲背负精神包袱，而要将它原样交还给母亲，这样才算是以一个独立个体的立场去尊重母亲。""能够深入理解母亲，深入分析母亲，已经是你的孝举。"对于这些观点，我希望守墓女儿们反复阅读牢记。

遗憾的是，世俗和常识不会改变。非但不会改变，还在"3·11"之后越发得到了强化。被媒体大肆宣传的"家庭的羁绊",只要仔细看就会发现,那些是失去了孩子的母亲,或者失去了妻子而茫然无措的丈夫的讲述,也是他们失去的羁绊。位于羁绊中心的都是母亲。这个事实关系到守墓女儿们的苦闷。

因此,只要生活在日本,只要无法做到完全隐匿自己的行踪,我们就只能好好思考自己与母亲的关系。

我在后文中列了几种方法,排名不分前后。

几种辅助手段

1. 让丈夫成为防线

跟丈夫说明自己的经历，得到理解后，让他成为自己与母亲之间的防线。这在理论上非常有效，但在现实中并不简单。像香里女士的丈夫那样，自己也受到了雅子女士骚扰的情况应该另当别论。其实很多母亲在女儿的丈夫面前，都会装成一副通情达理，有时还有点可怜的模样。

她们会向女婿哭诉，表明自己这个母亲何等可怜，以博得对方的同情，甚至让他站在自己这边。毕竟这类母亲经年累月地在向周围人展示自己的可怜。对于拥有数十年表演经验的她们来说，骗过女婿简直易如反掌。

又或者，有的母亲会像雅子女士那样，把攻击的靶子对准女婿的社会地位，以威胁的姿势声称女儿女婿对自己做了难以启齿的、不可原谅的事情。这类母亲就像受伤的狮子，若是被逼到了绝路，极有可能做出可怕的事情。

这些话说来有些悲观，但我们必须做好若把丈夫拉进来，局势很可能会变得更加复杂的心理准备。

更重要的是，守墓女儿要与自己的伴侣耐心地分析自己的母亲。对方也许很难理解这样的母女关系，但还是要尽量保持冷静，不掺杂任何感情地进行讲述。如果说着说着就急眼了，指责对方"你为什么不能理解我"，只会造成反效果。所以请不厌其烦地告诉对方："我最依赖的就是你了，请你站在我这边。"

2. 明白"中立客观的立场皆是欺骗"

很多男性自认为很"客观"（至少相比女性来说），他们在听完妻子的诉说后，会为了追求公平而跑去询问丈母娘的看法。其结果就是，他们非但不会成为防线，还有可能说出"我其实很理解你母亲的心情"这种话。

部分守墓女儿的父亲也会表现出跟她们的丈夫一样的态度。他们往往会说："其实你妈也有苦衷。"

标榜中立客观的人不止丈夫和父亲。许多援助者同样会提出这样的建议："你母亲其实也挺可怜的。""不如你也听听母亲的看法吧。"这种现象在成年孩子、家暴受害者、性暴力受害者等各种受害者接受精神科治疗和咨询时经常发生。

必须强调的是,对于受害者来说,表现出中立与拥护加害者没有两样。在家庭之中,只存在女儿的看法和母亲的看法。看似中立的意见几乎全都站在了母亲那边。她有她的苦衷——这种和稀泥的发言真的能算中立吗?这些人真正在保护的其实是保持中立客观立场的自己,绝不是正在承受痛苦的守墓女儿。

如果丈夫表现出了这种态度,对守墓女儿来说,那不仅意味着丈夫反水,还会让她骤然感到世上也许没有人能理解她的痛苦,加剧她的孤立感。她们会想:就连最应该理解我深层痛苦的丈夫都不理解我,莫非我的想法真的很偏激,我真的是个魔鬼一样的女儿,才会产生这样的想法吗?站在中立客观的立场上发表意见,只会使大家陷入僵局,让守墓女儿悲观地认定自己一辈子都无法摆脱母亲。

了解到这些后,就能学会分辨身边的人了。守墓女儿需要的是能够理解自己的痛苦、能够站在自己这边的人。只要能意识到那些发表中立观点的人不是自己的支持者,就不会轻易被他们的意见动摇;即便遇到了中立的援助者,也不会遭到二次伤害了。假设自己的丈夫刚好是这样,可以将本书的观点讲给他听，尝试改变他的中立态度。

3. 逃走

部分守墓女儿认为再这样下去自己会被毁掉，干脆从母亲身边消失。她们换掉了电话号码，或是将娘家的号码拉入黑名单，甚至换掉工作，只求从母亲面前逃离。

这与家暴受害者从丈夫身边消失的方式基本一致。她们不惜搬离原来的住所，在生活无以为继时申请补助，甚至改名换姓重新开始。只要持有家暴保护令，就可以前往政务窗口申请不对丈夫开示住民票①，如此一来，地方就不得向丈夫公布妻子的现居地。但是事实证明，部分男性会通过征信所查到妻子的住址，然后找上门去将其杀害。

然而，日本并不存在针对母亲的保护令，要对母亲适用"防尾随条例"也极为困难。就算想逃，外面也没有给女儿提供援助的避难所。只要顺着住民票追踪，母亲完全可以查到女儿的最新住址。可以说，在日本这个国家，除

---

①住民票是日本的一种户籍证明文件，用于标明个人的居住地信息和个人基本信息，如姓名、出生日期、性别等。住民票会随着居住地的变更而更新，确保个人信息与实际居住情况一致。

了逃到外国，没有别的办法可以从母亲面前消失。从这一点看，守墓女儿的逃离成功率比家暴受害者要低得多。

尽管如此，逃走还是有意义的。血缘这种"羁绊"越强，哪怕只能从母亲身边逃开一小段时间，获得的力量也就越大。正如旅行者在沙漠的绿洲中补充了水分滋润喉咙，就能再次勇闯沙漠。即便没有"永远"和"一直"的保证，只要能在母亲的视线和控制所不能及的地方生活上一段时间，也能切实地改变一些东西。我们可以从中得到安全感和能量，并让自我的感觉复苏。最重要的是，远离母亲之后，就能用新的视角去看待世界。当然，最开始可能会感到坐立不安，但哪怕只逃离一个星期或者一个月，能得到的收获也不可估量。

4. 断绝关系

母亲不会像家暴的施暴者那样杀死受害者。她们其实另有所图。有很多母亲会像雅子女士那样，在女儿（也可以是儿子）离开家并断绝联系后寻求心理咨询。她们都会说："我希望女儿（儿子）恢复正常。""我希望跟孩子重新恢复正常的母子关系。"她们从未想过这对孩子而言意味着怎样的痛苦。

在断绝关系时,要对母亲明确地表示:"我不想见到你。""我不能跟你来往。""以后请不要给我打电话,也不要写信。"这不是双方商讨的结果,而是单方面的通知。因为不可能得到配合,所以无须强求对方答应。关键在于意志的强度和坚定性。

母亲们常年处在与丈夫的权力关系和与母亲之间的地位关系中,面对比自己更强的力量压迫,表面上会表现得十分顺从,但是,她们会敏锐地察觉到对方自信动摇的瞬间。守墓女儿们必须注意不要被对手发现破绽,不要被突破要害。

母亲们缺乏暴力强制的手段,所以在接到女儿的通知后,可能会沉默一段时间。但还不能掉以轻心。她们会想尽一切办法探听女儿的现状,自然也会找到女儿的住址和工作地点。这个时候,母亲一般会保持距离,等待事态冷却。她们之所以不会马上采取强行突破的行动,是因为她们很清楚这么做会让自己跟女儿的关系进一步恶化。给工作单位打电话探听女儿的消息,意味着将自己是个糟糕母亲的事实暴露出来,所以最重视体面的她们不会这么做。

假如她们最害怕的是彻底失去女儿，失去外在的体面，那就可以利用这两点限制她们的行动。主导权在女儿手上，这就是断绝关系与逃走的本质区别。然而利用弱点的制衡并非永久有效，母亲们会时刻保持敏锐的嗅觉，只等女儿露出破绽。因此"断绝"并不代表结束，它只是紧张关系与力量关系平衡上的一个过渡状态。不过，还是可以通过这种方式，与母亲断联一段时间。

5. 一点点拉开距离

每天都跟母亲通话，周末必跟母亲吃饭，春秋两季的长假一定跟母亲一起旅游……对于这样的守墓女儿来说，"断绝关系"那种过于激烈的行为反倒很危险。在母亲还年轻（五六十岁）时，如果女儿做出那种事，她们很可能会说："孩子，你一定是工作太累、压力太大了，不如跟妈妈说说，排解一下吧。"

如果是这种情况，可以尝试一点点拉开距离，这样受到的抵触会更少，也能够更顺利改变现状。

比如将每天的电话改成："我工作经常要加班，不如只在周末通一次电话吧。"对于一天要发五六条信息的母亲，可以说："您的每条信息我都会看，但是我真的很忙，没时间回复，您不要介意哦。"而且既然说了，就要严格遵守自己定下的频率。只要有一次例外，就会前功尽弃。

同时我们还要做好心理准备，在试图减少发信息数量、降低见面频率时，必定会跟母亲产生摩擦。母亲们会问："为什么？"任何解释都无法让她们接受。如果以工作为借口，她们极有可能会把它当作新的接触理由，然后说："你何必为了公司这么拼命呢？""你的身体没问题吧？""不如妈妈去帮你打理家务吧？"

不要认为只有母亲接受了事情才能继续推进，我们大可以根据自己的需求来做决定。所以请各位守墓女儿鼓起勇气，减少与母亲接触的次数吧。

其实不只是电话和信息。被母亲们坚信属于"善意与母爱"的举动里，还有一种叫作寄快递。突然收到一大堆黄瓜。突然收到一大堆带泥的芋头。不知是谁送来的鹅肝罐头和成箱的素面。而道谢的电话只要晚了一点，那边就要打电话过来斥责。说来让人惊讶，有很多女性其实很惧怕母亲寄来的快递。她们不能把东西寄回去，没有街坊邻居可以送，自己更是消耗不完。超出限度的好意、强加的善意和强制的感谢渐渐让女儿们心生恐惧。

一位守墓女儿另辟蹊径，把东西转手送给了附近的精神障碍者回归社会援助机构。机构的被支援者每次都会很开心地吃掉她母亲寄来的东西。每次看到他们的表情，那个女儿心里的罪恶感都会减轻许多。

一名女性会把收到的快递立刻丢弃。她甚至忍受不了打开包裹这个动作。一想到自己的母亲是用什么样的表情寄出那些包裹的，她就会陷入强烈的抑郁，整个心都揪在一起。丢弃快递的瞬间她会感到十分解气，但在那之后又会被三倍强度的罪恶感侵袭。而且如果不在收到快递的当晚打电话道谢，母亲就会打电话抱怨"子女不知父母心"，然后发表冗长的唠叨，其中一半都是对丈夫的不满。她为了不再受到这种折磨，做了一个决定，每次快递寄过来都马上丢掉，随即打一个简单的致谢电话，十分钟之内挂断。自从她熟练掌握了这串动作，心里就轻松了许多。

6. 不惧怕代际连锁的诅咒

如果守墓女儿有了孩子，事态就会变得更复杂。她们的母亲是孩子的外祖母，"妈妈的娘家"在孩子的世界中占据着很重要的比重。每逢盂兰盆节和元旦，守墓女儿一方面不想回家，一方面又担心自己剥夺了孩子与外祖父母的交流，从而产生罪恶感。她们会迷茫，不知该怎么跟孩子解释自己与母亲的关系，也不知是不是缄口不言更好。自己该怎么跟孩子形容他们的外祖母？说完之后，那条代际的连锁会不会转移到孩子身上？有很多女性都抱有这样的疑问，可惜对此我并没有正确答案。

我只想强调一点，代际连锁并不一定会形成。由于这个词过于常见，反倒让很多母亲深受折磨，我万分难过。只要她们可以能动地思考母亲对自己做的事情，就能在面对孩子时谨慎地避开同样的行为。因为她们都不希望事态重演，会努力做出改变。反倒是那些与母亲藕断丝连的人，重蹈覆辙的可能性更高。所以，请读者们放心，因为拿起这本书的人，引发代际连锁的可能性都很低。希望你们不要过度担心。

7. 引导出道歉的话语

多数守墓女儿在希望与母亲断绝关系的同时，又害怕这一行为的副作用,最后想办法进行折中,每天如履薄冰。有人已经五年没见过母亲了,心里却时时刻刻都没有放下过她。

即使已经绝望了,还是会在某些瞬间产生一些想法。该怎么形容它呢?"果然是母女连心啊。""都这样了,你还是很喜欢母亲呢。"它与这些俗套的解释毫无关系,或许我们更应该把它形容为淤泥中盛开的一朵莲花,是如同转瞬即逝的奇迹般的一缕希望。

"真的对不起,让你受苦了。"

她们希望母亲说出这句道歉的话。

阅读本书的大多数人可能会想,母亲怎么可能说出那种话呢?因为她们已经期待过不知多少次,但她们的母亲却从未表现出一丝一毫的歉意。

当然,可能性也不是完全没有。这是我在听完几位客户的倾诉之后产生的想法。

来到咨询所的C女士就成功让母亲道了歉。C女士的父亲总是喝醉后对母亲施暴,连C女士自己也从小就遭受他的拳打脚踢。在父亲肝硬化吐血死去后,欺凌她的又换成了姐姐。母亲把所有心血都倾注到了培养C女士升学之上，而整日闭门不出的姐姐，就推给了C女士照顾。

C女士就这样在那个三名女性组成的家里生活到了四十岁。她是一家人的生活支柱，她与异性的恋爱关系全都被母亲破坏了。在她知晓"成年孩子"这个词后，C女士迫切希望"拥有属于自己的人生"，于是开始搬出去独居。她有生以来第一次过上了自己来决定洗澡和吃饭的生活，仿佛重获新生一般。一年后，她有了恋人。就在二人准备同居的时候，母亲查出了癌症。

年逾七十的母亲接受了放化疗，腰腿力量逐渐弱化，还有了认知障碍的初期症状。由于姐姐完全不管母亲，C女士只能每天下班后立刻赶去医院照顾。

那天，母亲吃着她在百货公司地下卖场买来的熟食，有生以来第一次对C女士说了"谢谢"。C女士十分震惊，干脆一股脑把从小到大憋在心里的悲痛全都说给了母亲。看到母亲不能动弹、连自己吃饭都做不到的样子，往日的回忆就像火山爆发一样涌了出来。

她的母亲闭着眼睛躺在病床上，没做任何反驳。也许是无法反驳。

每晚从开始喂饭到离开医院，C女士都会尽量冷静地讲述姐姐的暴力和母亲的谩骂曾让她多么痛苦，高中时期兼顾家务和学习是何等困难。

母亲只是安静地听C女士诉说，看不出她是否真的理解了女儿。每次听到最后，她都会说："是吗，那确实太过分了。我真的一点都没有察觉到。"

到去世的三天前，母亲甚至对她说："妈妈真的错了。小C啊，对不起。"

C女士完全没想到母亲会对自己说出这句话。她以为她这辈子都不会听到母亲的道歉了。眼前的母亲已经成了最弱势的人，她可以对母亲为所欲为。甚至可以说，此刻的她掌控着母亲的生死。但是C女士并没有选择报仇。她只想听到一句道歉，听母亲说一声"对不起"。当母亲说出那句话时，C女士突然觉得自己多年来为了生活拼死做的一些事情终于结束了。她并没有觉得很高兴、很感动，或是激动得要哭出来，那种感觉就像齿轮停转，只发出了轻轻的咔嗒声。

C女士这样描述当时的心情：

"至于我为什么希望母亲道歉，其实我想了很多。我的确很不甘心，也并非没有愤怒，当然也有报复的心思，但那些都不是我想要的。我介意的是，母亲一直以来都在无视我的痛苦。准确地说，她甚至不知道自己在忽略我的感受。因为她坚信自己最了解女儿。在我三十岁之前，她甚至从来没关心过我活得有多累。她看我的眼中并没有我，只有她创造的我。这不就相当于我这个人一直在被母亲扼杀吗？我很想把被扼杀的自己展示给她看。我觉得，只有这样才能让青春期以后的我慢慢苏醒过来。也许，母亲多多少少感觉到了我的想法，所以才会在弥留之际对我道歉吧。虽然只有短短几个字，但我觉得自己已经能跟母亲好好告别了。"

佐野洋子的《静子》中，也有同样的场景。这本书讲述了母亲与女儿"我"之间的交锋。作者佐野洋子女士也在听到年老的母亲对她说"谢谢你，对不起"时大为震惊，惊讶于小时候自己最讨厌的母亲竟然变成了完全不一样的人。也许是因为这件事，佐野女士才写了《静子》。如果母亲没有罹患认知障碍，佐野女士可能就不会写那本书，她会把对母亲的厌恶永远埋在心中，永远保持沉默。

上面列出了七种方法，希望读到本书的人根据自己的情况自行选择。守墓女儿所处的情况是复杂多样的，每个人只能用适合自己的方式去思考如何从母亲的控制中剥离出来。在无论怎么做都无法拉开距离的时候，希望你们可以将2和6牢记在心，熬过每一天。如果4不行，还可以试试5。7也许是所有守墓女儿内心最深处的愿望吧。不过，如果自己的母亲不像C女士的母亲那样罹患认知障碍，恐怕很难实现。假如只有在母亲的弥留之际才能听到她的道歉……你也许会觉得心情异常低落，然而现实就是如此残酷。

如何放下母亲的身份

上一节的末尾处有些丧，为了让大家还是抱有希望，我有一些话想要说给各位母亲。

为了众多守墓女儿，我要向各位母亲明确提出一个请求。为方便叙述，下文将使用第二人称。

如果你想展开新的人生

1. 接纳身为女性的痛苦

请回想一下你进入青春期之前的那段岁月。大人都说人生要靠自己选择,但面前的限制如此之多,你肯定感到了无措。无论做什么事情,都有人在背后说"一个女人罢了",何等屈辱……甚至只是回想起来,都会让人无比难受。曾经,你也因为自己生而为女而心有不甘,甚至诅咒这个身份。

可是,少女时期有过那么多痛苦经历的你,后来为什么会变成同为女性的女儿眼中"强势的""缠人的""无法沟通的"存在呢?

你的确是女儿的母亲,但是你身为母亲的生理性职责早已完成。原则上说,女儿成年后,你已经不必再摆出母亲的架子。

不如试着放下身为母亲的既得权力,放下自己比女儿更通晓人事的自负，也放下"我生了女儿，我是过来人"的认知。生儿育女的痛苦记忆应该早已淡化消失了。更多时候，你应该想不起来自己是位母亲。因为母亲这个身份的范围终究是有限的。正如父亲总是在踏出家门后忘掉自己的父亲角色，母亲也可以这么做。母亲的身份并没有你想象中的那般有价值，你并没有足够的筹码去以母性压制女儿，让女儿服从。

假如女儿对你来说是个很重要的存在，那么希望你好好想想，你为什么会这样认为。

因为女儿会听你发牢骚吗？因为女儿也是女人，能理解你吗？因为"母女连心"才是最可靠的关系吗？原因肯定不止一个。可是只要仔细思考就会发现，那些都是极其自我，极其以母亲为中心的。你们不过是单方面地把女儿当成了重要的存在。而且，你们想把这种单方面的认知强加到女儿身上。是你们，企图依附于女儿。然而你们却把"我都是为了女儿"挂在嘴边，试图把这种想法正当化。

让我们先把"世俗""常识""普通"这些让你们的思考正当化的借口全部抛开吧。

正是这些东西，让日本的众多弱势群体深受其苦。你们自己也曾因那些理由遭到批判和排挤。只因为是女性，对方就会改变态度。只因为是上了年纪的阿姨，社会就会轻视你。这些实质上都是你们作为少数派遭到的歧视。正因如此，我才希望你们不要再对所谓的"世俗"摇尾乞怜，站在过去对你们指手画脚的人群那边。

请试着去找回"我"这个主语。不是妈妈，也不是母亲。你们应该堂堂正正地以"我"的身份去说话。为此，首先要正视身为女性的痛苦。然后，再跟同为女性的女儿站在同一战线上。

2. 不逞强

最重要的是，你要回顾反思自己的人生。如果不好好审视自己的过去，就没有资格挺起胸膛宣称"我是女儿的母亲"。青春期经历过的挫折，被拿来与同学比较的懊恼，低人一等的自卑，结婚的原因，丈夫的背叛，对婚姻的悔恨……请试着去追溯自己成为"强势母亲"的源流。

看完上面这些话，你可能会越来越低落，甚至丧失自信。

其实这样反而更好。因为身为母亲这个事实本来就不应该催生出自信。请你反省一下，自己是不是在利用成为母亲的事实，去抵消人生的失意？希望你能意识到这一点。仅靠生理意义上的血缘关系，真的能养好自己的孩子吗？——这种缺乏自信的谦逊态度才是成为好家长的前提。所以说，你们更应该努力让自己保持这种缺乏自信的状态。好像成为母亲后，眼前就出现了一条红毯，走在上面会让人产生美妙的感觉。那条红毯上还写着"要维持体面""希望孩子有个正常的人生""所谓常识"等字眼。就算没有自信，只要走在红毯上，就能拥有同伴，这会让你渐渐产生自己走上了康庄大道的感觉。有的人会高高兴兴地走过这条路，有的人则不会走上去，而多数守墓女儿的母亲都选择了毫不犹豫地走上红毯。可以说，那是一条通向恶魔的道路。

这么说你也许不爱听，但是那些自诩伟大母亲的人，背后其实都隐藏着恶魔的影子。唯有清醒地认识到这个问题，才能避免成为恶魔。这才是守墓女儿最大的期盼。

对父亲的逆耳之言

在前作《母亲过于强势》中,我提出了几点对父亲的要求。不过,读者的反响都集中在母亲这个角色上,父亲似乎依旧保持着局外人的身份。事实上,为了女儿,我最希望进行自我反省的人其实是父亲,而非母亲。我当然可以列出长长的要求,但是在这里,我选择接续上一部作品,继续向父亲们传信。我要引用某位女性用尽全身力气写给父亲的一封信,不过在内容上会进行少许改动。这篇文章之前被刊登在了某个自助团体的内部报纸上,作者是一名三十多岁的女性,深受进食障碍之苦,早已断绝了跟母亲的关系。然而无法理解这一做法的母亲,某天突然出现在她的住处。女儿大发雷霆,不禁使用暴力将母亲赶了出去。其后,她就收到了父亲的信息。

女儿写给父亲的信

我是怀着冲天的怒火和些许悲哀看完你的信息的。这种感觉不是第一次,而是三不五时,经常。

在此,我要明确地告诉你,我一直都对你们两个有怒火。你们一定不知道我究竟在气什么(如果你们有那个理解能力,我的怒火也不会蔓延到现在这个地步),这种怒火中烧我也根本没法用你们能理解的话语来解释。

总之,无论你怎么假装看不见,怎么极力否认,我的愤怒都是真实存在的。这是无法改变的事实。

你若无其事地邀请我参加你的七十岁寿宴,假装我们之间不存在任何矛盾,并自以为这是在对我示好。你可能以为,自己用作为父亲的慈爱和自信,已经对不可理喻的女儿做出了最大程度的让步。

试想一下,有人对你做了不可饶恕的事情,你对此怒不可遏,然后那个人挤出满脸笑容开始凑近你,或是邀请你一起聚餐——那个人没有做出任何道歉的举动（连口头的道歉都没有），并且无视了你的怒火。

你也许会觉得那家伙在羞辱你，觉得自己的尊严遭到了践踏，从而产生更多的怒火和无力感；当然，你也许不会有任何感觉。我不清楚这种情景下的你会是什么心情。但我可以告诉你，这就是你对我做的事情。

我不明白那个人是我的母亲和打人不好这两件事之间有什么关联。难道是说身为母亲就可以施展暴力吗？不可能吧？

先不说这个。今时今日，"打人不好"这句话，连小学生都会说。所以我很难理解，你为什么要专门对我说这句话。如果你觉得我会回答："哦，原来打人不好啊，我都不知道呢。谢谢你告诉我，是我做错了。"那我真的要怀疑你的智商。如果你只想说教一通发表一些大道理，以确保自己的"好心"，那我只能说，你还真是一点都没变。

你所说的大道理在我这里从来没派上过用场。那些话就算你不说，我也能在电视和报纸上看到。所以，你的存在意义究竟是什么？

"我老婆跑到你家去，给你添了很多麻烦。对不起。我保证今后不会再发生这种事，请你原谅。我老婆之所以对你这个女儿怀有不正常的执念，都是因为我这个丈夫没有做好。而我之前一直对你背了黑锅这件事视而不见，真的很对不起。"

等你能说出这些话的时候，我可能才会正眼看你一次。不过我猜，你肯定做不到。

写了这么多，都是我免费给你上的一课。我自认为这封信是给你提供了一个改变的机会，但你也可以坚持按照原样过完剩下的人生。这是你应得的权利。

我长这么大从来没见过你掉眼泪，也从来没有真正了解过你这个父亲。

关注家人

读完这封信,各位有什么感想?也许会有人觉得它通篇都是胡说八道,不讲礼数,不谙世事。但是她的怒火和愤慨,恰恰代表了众多女儿对父亲的感情。

正如母亲在生下孩子后就拥有了自信,父亲在得到社会地位和经济实力后,就会误以为自己完成了任务。拥有自信是一种很可怕的事情,因为这会让人否定一切威胁到它的言论。

前面的文字就是要捣毁这种自信。

在职场和社会上被视作理所当然的人际关系准则,为何到了家庭中就会被忽视?为什么公认的理所当然的道理突然就行不通了?

是否有人提出过,在家庭这个集体中,赋予双亲,尤其是父亲特权往往意味着对孩子人权的忽视和人格的否定?法律不入家庭。换言之,家庭就是"法外之地"。而孩子(尤其是女儿)对此是再清楚不过的。

家庭中的权力关系通常被表面的平静所掩盖，但是换到弱者的视角，那种差别就显而易见，就像从山顶眺望平地，目之所及只有一片平坦的绿色，而站在山脚仰望山顶，看到的却是巍峨高耸的山峰。从父亲到母亲，从母亲到孩子，从哥哥到弟弟，从弟弟到妹妹，权力关系逐级传递，而位于最末端的，一直都是女儿，也就是孩子中的女性。一直端坐在山顶无须下山的父亲几乎不会察觉到这个问题。他们多数是心怀善意的人。但是，他们看不见一部分现实，也从来不会怀疑自己的善意，最终只能归结为单纯的迟钝无感，或是成为天真的暴君。

我知道这么做会很累，但还是希望你们能够像对待邻居那样客气周到地对待家人。假如父亲们眼中的天堂意味着他可以不必在意任何家人，对家人颐指气使，那这种天堂需要的牺牲实在是太大了。希望你们知晓，世上也有一心为家人着想的男性。

到这里为止，我已经给出了专门针对女儿、母亲和父亲的提议（处方）。只要读过的人都会发现，三种处方的篇幅差别很大。而造就这一差别的，就是我对不同人群的不同关心程度。

对于守墓女儿，我希望她们能好好阅读这本书，坚强地活下来。所以我给她们的提议内容也比较多样。对于母亲，我这次的态度更严苛了。在之前的书中，我不负责任地提出了"女儿们最好不要指望得到母亲的理解"，但是到了这本书，我认为还是不能就此放弃。必须让她们发生改变。如果不做这个努力，守墓女儿们就太痛苦了。这种想法实在太迫切了，我的提议才会如此严格。

对于父亲，我带着一种唇亡齿寒的感慨，把这个主题加入了书中。平时很少引用的我，这次干脆转载了一整封信，也不知效果如何。对父亲们我同样认为不能放弃，但不知怎么，对父亲的期待值就是会低于母亲。只能希望更多的中老年男性能够留意到这本书了。

后记

"守墓女儿"这个词能在日本得到一定的普及，老实说我非常高兴。有很多人都因为这个词第一次找到了剖析自己与母亲关系的头绪，这着实超出我的想象，也让我很是欣慰。

　　本书是黄色封面格外抢眼的《母亲过于强势：守墓女儿的叹息》的续篇。考虑到两本书会成套上架，我选择了鲜艳的红色作为封面颜色。①也许有人会先读到这本，再去找上一本。虽然顺序不一样，但也许会有不一样的发现。无论哪种我都十分欢迎。

　　不消说，这本书延续了前书的宗旨，为众多的守墓女儿所写，不过它也导入了一个新的主题，那就是深入探讨了守墓女儿之母的生态、形成过程、背景和历史。这么做并不是为了非难或贬低她们，而是希望她们能够从这一刻

---

①这里的两本书指的是日文原版。——编者注

开始，尽量改变自己的人生。

在本书中，我想方设法地试图摧毁看似坚如磐石的母亲地位，并对"都是为了女儿"这句能止小儿夜啼的金句进行了反驳。因为我不希望母亲们依赖这些活着。

作为和她们年龄不相上下的人，作为一名女性，我不想放弃她们，我愿意不断地为她们声援。我把这些想法融到了书里。

守墓女儿的母亲们，至少相对于那些父亲（也就是她们的丈夫）而言，做出改变的可能性更高。这便是我心中的期盼。如果过于强势的母亲不做出一些改变，守墓女儿们就太辛苦了。

本书借助一个长故事的形式，讲述了女儿逃脱母女关系的过程，母亲如何看待女儿等。我认为，无论多么详尽的解释，效果都不如讲个故事好，各位读者觉得呢？

我在正文中列举了很多家暴案例，希望各位理解，这只是为了方便理解而进行的类比。而且我认为，家暴并不是特殊案例，而是简明扼要地代表了"普通"家庭的特征。各位读者在阅读本书时，不必拘泥于这一点。

孩子与母亲的关系，该如何与母亲相处，这些主题在"3·11地震"之后的日本家庭变得极为重要。"3·11"之后，并没有多少作品对这些问题进行过正面探讨。

我在撰写本书时很注意尽量不被现有的家庭观所蒙蔽，同时又力图使描写具体而简单易懂，这都要归功于我多年做心理咨询师的经验。

黄红二色的"守墓女儿之书"并排出现在书店，看着实在像一场美梦。

同前书一样，本书从构思阶段就得到了春秋社的篠田里香女士的鼎力支持。原本在震灾后一个字都写不出来的我，之所以能写完这本书，全靠她的鼓励。在此致以由衷的谢意。

夏末蝉鸣声中
信田小夜子

引用书目

上野千鹤子:《厌女:日本的女性嫌恶》,纪伊国屋书店,2010年

佐野洋子:《静子》,新潮文库,2010年

伊瓦·费德·基泰:《爱的劳动或依存与照护的正义论》,冈野八代、牟田和惠译,白泽社(现代书馆),2010年